प्रेरणास्तोत्र: निषादों के चेतना के स्तंभ

मनीष कुमार

SPI PUBLICATIONS

This is a work of fiction. Names, characters, organisations, places, events, and incidents are either products of the author's imagination or are used fictitiously. Any resemblance to actual persons, living or dead, or actual events is purely coincidental. Mentions to use and connection with Indian Scriptures is completely fictional, no intentions to harm the sentiments of people were done. Author highly respects the cultural values, traditions and customs of the people and the society.

Published by **SPI Publications**, www.spipublications.in

ISBN-13: 978-93-49860-81-0
ISBN-10: 93-49860-81-0

First Edition 2025

SPI Publications

Corporate & Editorial Office
117/2, Sector 37, Khandsa Road,
Gurgaon, Haryana 122 001
Phone: +91 98355 52940
Email: contact@spipublications.in
Website: www.spipublications.in

Processed and Printed in India

अनुक्रमणिका

लेखक के बारे में

मैं मनीष कुमार एक साधारण – ग्रामीण युवक पर असाधारण स्वप्नों से भरा हुआ। भारतीय प्रशासनिक सेवा तैयारी मेरे लिए केवल परीक्षा नहीं बल्कि समाज को समझने और बदलने की एक साधना है। मेरा गाँव सुरौंधा–चित्रकूट की धूल में रचे बसे जीवन का वह बिंदु है जहाँ से मैंने पीड़ा को परंपरा को और परिवर्तन की पुकार को देखा सुना और समझा। मैंने निषाद समाज के उन नायकों को अपने लेखन का केंद्र बनाया है जिनकी गाथाएँ इतिहास के पन्नों में अनदेखी रही हैं– एकलव्य की मौन तपस्या निषादराज गुह की मित्रता फूलन देवी की प्रतिशोधाग्नि डॉ संजय निषाद की राजनीतिक हुंकार। इस उपन्यास में मैंने केवल शब्द नहीं पिरोए मैंने इस समाज की साँसों को आत्मा दी है। मैं मानता हूँ कि साहित्य मात्र कलात्मकता नहीं जनजागरण का शस्त्र है। मेरा यह प्रयास इस समाज को स्वर देने का संकल्प है।

मैं चाहता हूँ कि यह पुस्तक उन लाखों निषाद युवाओं तक पहुँचे जो आज भी पहचान की तलाश में हैं। यह उपन्यास उन्हें यह बताने के लिए है कि वे किसी से कम नहीं वे उसी

ने राम जैसे मर्यादा पुरुषोत्तम को

एक युवा के भीतर आत्मगौरव की
मानूँगा कि मेरा लेखन सार्थक हुआ

निषाद राज गुहा

जब भी किसी महान गाथा का वर्णन किया जाता है तो उसे सिर्फ शब्दों की जाल से नहीं बल्कि दिलों में गहरी छाप छोड़ने वाले विचारों से आकार दिया जाता है। ऐसा ही कुछ था निषाद राज गुहा के साथ जिनका जीवन संघर्षों और साहस से भरा हुआ था। वह कोई साधारण व्यक्ति नहीं थे बल्कि उन कण्ठों में लहराते हुए अस्तित्व की एक ऐसी

धारा थे जो न केवल अपनी मिट्टी में सशक्त थी बल्कि पूरे समाज को एक नई दिशा देने का सामर्थ्य रखती थी।

गुहा का जीवन एक अद्भुत यात्रा था

जो स्थिरता और अस्थिरता के बीच की लड़ाई से अधिक मानवता की सर्वोच्चता की ओर बढ़ता एक महान कदम था। उनके समय में समाज बर्बादी की ओर बढ़ रहा था जब हर किसी को उसकी जाति धर्म या वर्ण के आधार पर आंकलित किया जाता था। लेकिन गुहा ने किसी भी भेदभाव का सामना करते हुए अपने साहस और निष्ठा से यह सिद्ध कर दिया कि असली ताकत किसी के जाति धर्म या वर्ग में नहीं बल्कि उसकी आंतरिक शक्ति और साहस में छिपी होती है। जो गिरकर फिर से उठ खड़ा होता है वही सच्चा योद्धा होता है।" यह कहावत गुहा के जीवन के हर पल को परिभाषित करती है। वह न केवल अपनी पीढ़ी के लिए बल्कि आने वाली पीढ़ियों के लिए प्रेरणा का स्रोत बने। गुहा का साहस उसकी अनन्य शक्ति का प्रतीक था। वह बचपन से ही संघर्षों के बीच पले बढ़े थे। कभी कोई विघ्न तो कभी कोई दुख उनके पथ में कोई न कोई बाधा हमेशा थी। लेकिन उन्होंने कभी हार नहीं मानी। अपनी कठोर

नीतियों और सिद्धांतों से वह हर लड़ाई में विजयी रहे। उनका साहस केवल लड़ाइयों में ही नहीं था बल्कि उनके हर कार्य में झलकता था। जब भी वह राम से मिलते तो उन्हें यह महसूस होता कि उनके भीतर भी वही विराट शक्ति है जो राम के भीतर थी। राम का जीवन आदर्श था और गुहा ने उसे अपनी नीयत और कर्मों में उतारने का प्रयास किया।

गुहा और राम का संबंध सिर्फ एक मित्रता नहीं थी बल्कि यह एक रिश्ते का प्रतीक था जिसमें विश्वास और समझदारी का अद्भुत संगम था। राम का जीवन अपने कर्तव्यों के प्रति निष्ठा सत्य और धर्म के प्रति समर्पण था। जब राम और गुहा की मित्रता हुई तो यह मित्रता केवल एक समय की आवश्यकता नहीं बल्कि दो महान आत्माओं के मिलन का प्रतीक बन गई। गुहा ने यह समझ लिया कि मित्रता वह होती है जो कठिन समय में साथ खड़े रहने और एक दूसरे के सुख दुख को साझा करने का नाम है। गुहा ने कभी भी अपनी मित्रता में कोई भेदभाव या असमानता नहीं देखी। वह जानते थे कि राम के साथ उनकी मित्रता एक गहरी आत्मीयता और समझ का परिणाम थी और यह उनकी इच्छाशक्ति को और अधिक मजबूत करता था। राम और गुहा का यह मित्रता का उदाहरण आज भी हमारे लिए

एक आदर्श है जो सिखाता है कि सच्ची मित्रता हमेशा अपनी पहचान से बड़ी होती है जो मन में ठान लेता है वह हर कठिनाई को पार करता है।" यह मुहावरा गुहा के जीवन का मंत्र था। उन्होंने हर परिस्थिति में यह सिद्ध कर दिया कि असली संघर्ष उस क्षण में शुरू होता है जब इंसान अपने मन में हार मानने का खयाल भी नहीं आने देता। उनके संघर्षों में प्रत्येक कठिनाई और बाधा को पार करते हुए उनका आत्मविश्वास और दृढ़ नायकत्व जागृत हुआ।

निषाद समाज को देखकर गुहा ने यह सिखाया कि किसी भी परिस्थिति में हमें खुद को कमजोर नहीं समझना चाहिए। जैसे भीषण तूफान में चट्टानें भी नहीं हिलतीं वैसे ही मनुष्य की आंतरिक शक्ति उसे कभी हारने नहीं देती। संघर्षों की कठिनाइयाँ बड़ी हो सकती हैं लेकिन आत्मविश्वास और निष्ठा के बल पर वे निरंतर पार की जा सकती हैं।

गुहा का जीवन आज के निषाद समाज के लिए एक प्रेरणा का स्रोत है। वह यह सिद्ध करते हैं कि जो समाज अपने आत्मसम्मान और आत्मनिर्भरता पर विश्वास करता है वह कभी भी दबाया नहीं जा सकता। गुहा के संघर्ष ने यह

सिद्‌ध किया कि किसी भी समाज को कभी भी उसके अस्तित्व से हटा कर कमजोर नहीं किया जा सकता बशर्ते वह अपने अधिकारों और कर्तव्यों के प्रति सजग रहे।

गुहा का जीवन हमें यह समझाता है कि अगर कोई समाज अपनी पहचान के प्रति जागरूक है और अपने अधिकारों के लिए निरंतर संघर्ष करता है तो उसे कोई भी शत्रु पराजित नहीं कर सकता। निषाद समाज को यह समझना चाहिए कि उनका सामर्थ्य उनके भीतर ही छिपा है और इसे प्रकट करने के लिए उन्हें न केवल मेहनत करनी होगी बल्कि अपने कर्तव्यों और मूल्यों के प्रति भी निष्ठावान रहना होगा। निष्ठा और साहस का प्रतीक

गुहा का जीवन निष्ठा और साहस का जीता जागता उदाहरण था। उन्होंने कभी भी अपने सिद्‌धांतों से समझौता नहीं किया। वह जानते थे कि "जो खुद से विश्वास करता है वही संसार को विश्वास दिला सकता है।" उनके लिए निष्ठा और साहस से बढ़कर कोई शक्ति नहीं थी। उनके जीवन में एक ऐसा समय भी आया जब उन्हें अपनी पूरी सेना और समाज के लिए एक ही रास्ता चुनने का निर्णय लेना पड़ा और उन्होंने किसी भी कठिनाई के बावजूद उस निर्णय को मजबूती से लिया। गुहा का साहस केवल युद्‌ध में नहीं था बल्कि जीवन के हर मोड़ पर उन्होंने दिखाया कि

सच्ची साहसिकता क्या होती है। उन्होंने इस बात को सिद्ध किया कि जीवन में हमें हर संघर्ष से गुजरने का साहस रखना चाहिए क्योंकि यही वह अवसर है जो हमें आत्मा की शुद्धता और जीवन के उद्देश्य को समझने में मदद करता है। गुहा का जीवन हमें यह सिखाता है कि आस्था और कर्म दोनों का मिलन ही व्यक्ति को असाधारण बनाता है। राम के प्रति उनकी अडिग आस्था और उनके कर्मठता के बीच की जो अद्वितीय संधि थी वह एक मिसाल बन गई। गुहा ने जीवनभर यह सिद्ध किया कि किसी भी कार्य में सफलता केवल कड़ी मेहनत से ही नहीं मिलती बल्कि उस कार्य में ईश्वर की शक्ति और विश्वास को शामिल करना भी आवश्यक होता है। गुहा के जीवन में राम के प्रति यह श्रद्धा उनके हर निर्णय और हर कदम में दिखाई देती थी। जब वह कठिनाई में होते तो राम का नाम उनके लिए शरणस्थल होता था। वह मानते थे कि आस्था और कर्म का मिलन ही सफलता की कुंजी है। यही कारण था कि उनके संघर्ष कभी व्यर्थ नहीं गए। उनका विश्वास और उनकी मेहनत हमेशा उन्हें मंजिल तक पहुँचाती। जब लोग उनके साहस को देखते तो वे कहते "जो अपने कर्मों में ईश्वर का समर्थन लेता है वही सबसे बड़ा योद्धा होता है।"

गुहा का जीवन हमें यह भी सिखाता है कि कोई भी कार्य छोटा या बड़ा नहीं होता। चाहे वह युद्ध हो या जीवन के साधारण कार्य अगर उसे समर्पण और श्रद्धा के साथ किया जाए तो उसका परिणाम हमेशा शुभ ही होता है। यही कारण था कि गुहा हर कार्य में न केवल शारीरिक बल का बल्कि मानसिक और आत्मिक बल का भी प्रयोग करते थे।

बलिदान और कर्तव्य का महत्त्व कर्तव्य का पालन करना सबसे बड़ा धर्म है।" यह वाक्य गुहा के जीवन का मूल मंत्र था। उन्होंने यह समझ लिया था कि जीवन में सच्ची सफलता और सम्मान केवल तब ही मिल सकता है जब किसी के कर्म उसके कर्तव्यों से जुड़ी हों। उनकी ज़िंदगी का हर एक पल इस विचार से ओतप्रोत था कि हर व्यक्ति को अपने कर्तव्य से कभी भी पीछे नहीं हटना चाहिए। चाहे परिस्थितियाँ कितनी भी कठिन क्यों न हों कर्तव्य का पालन करना और अपनी जिम्मेदारियों को निभाना सबसे बड़ी बात है। गुहा के बलिदान ने यह सिद्ध कर दिया कि असली नायक वही होता है जो अपने कर्तव्यों के लिए खुद को समर्पित कर देता है। वह जानते थे कि अपने समाज के लिए खड़ा होना अपने लोगों की रक्षा करना और उनकी भलाई के लिए संघर्ष करना ही उनकी असली जिम्मेदारी थी। गुहा के बलिदान ने उन्हें एक महान नेता और नायक

बना दिया। वह केवल युद्ध के मैदान में ही नहीं बल्कि समाज के भीतर भी एक आदर्श प्रस्तुत करते थे।

गुहा का बलिदान सिर्फ उनके व्यक्तिगत हित के लिए नहीं था बल्कि यह समाज के हर व्यक्ति के लिए था। उन्होंने यह सिखाया कि अगर किसी समाज को अपनी स्थिति और सम्मान प्राप्त करना है तो उसे अपने कर्तव्यों के प्रति निष्ठावान रहना होगा।

जब तक हम एकजुट नहीं होंगे तब तक कोई भी शक्ति हमें पराजित नहीं कर सकती।" यह उपदेश गुहा ने अपनी पूरी जिंदगी में न केवल निभाया बल्कि अपने समाज के लोगों को भी यही शिक्षा दी। उनका मानना था कि किसी भी समाज की असली ताकत उसकी एकता में छिपी होती है। उन्होंने यह देखा कि समाज के बीच में मतभेद और विभाजन को खत्म करने के लिए सबसे ज़रूरी है एकता।

गुहा ने हमेशा यह कहा कि जब हम एक दूसरे के साथ मिलकर काम करते हैं तो किसी भी मुश्किल से पार पाना आसान हो जाता है। उनके अनुसार किसी भी संघर्ष में अकेले खड़ा होना बहुत कठिन होता है लेकिन जब एक पूरा समाज एक साथ खड़ा होता है तो उसे कोई भी शक्ति हरा नहीं सकती। गुहा ने इस संदेश को समाज के हर वर्ग तक

पहुँचाया कि "हम सब एक हैं और जब हम एक साथ मिलकर किसी उद्देश्य की ओर बढ़ते हैं तो कोई भी हमें रोक नहीं सकता।" गुहा के इस दृष्टिकोण ने निषाद समाज को एकजुट किया और उन्हें यह एहसास दिलाया कि विभाजन केवल कमजोर बनाता है। समाज की शक्ति उसकी एकता में है और अगर वह एकजुट हो जाए तो वह हर चुनौतियों का सामना कर सकता है।

आत्मसम्मान और सम्मान का संघर्ष गुहा का जीवन आत्मसम्मान के संघर्ष की एक गहरी छाया थी। वह किसी भी स्थिति में अपनी शान और आत्मसम्मान से समझौता करने को तैयार नहीं थे। उनके लिए यह असल संघर्ष था। समाज में जब भी किसी ने उनकी प्रतिष्ठा को ठेस पहुँचाने का प्रयास किया उन्होंने उसका सटीक और प्रभावशाली तरीके से जवाब दिया। उनका मानना था कि किसी भी व्यक्ति को उसकी आंतरिक शक्ति और आत्मसम्मान को बनाए रखने के लिए हमेशा संघर्ष करना चाहिए।

गुहा का यह संघर्ष समाज को यह सिखाता है कि आत्मसम्मान और सम्मान का बचाव किसी भी हालत में करना चाहिए। अगर व्यक्ति खुद से प्यार करता है और

अपने आत्मसम्मान का आदर करता है तो वह समाज में अपनी पहचान बना सकता है। गुहा ने अपनी पूरी जिंदगी यह सिद्ध किया कि आत्मसम्मान के लिए संघर्ष करना समाज की सच्ची सेवा करना और अपने कर्तव्यों को निभाना ही एक सच्चा आदर्श है। गुहा के जीवन से निषाद समाज को बहुत कुछ सीखने को मिलता है। उन्होंने हमें यह सिखाया कि अगर हम अपने भीतर छिपी शक्तियों को पहचानें और उन्हें सही दिशा में प्रयोग करें तो हम किसी भी मुश्किल को पार कर सकते हैं। आज का निषाद समाज यदि गुहा की तरह निष्ठावान एकजुट और संघर्षशील बन जाए तो वह अपनी सामाजिक स्थिति को उच्चतम स्थान तक ले जा सकता है। गुहा के जीवन में जो आत्मविश्वास संघर्ष और साहस था वह आज भी हमें प्रेरित करता है। निषाद समाज को आज के समय में चाहिए कि वह खुद को पहचानें अपने अधिकारों के लिए संघर्ष करें और हर कार्य में ईश्वर और कर्तव्य का पालन करें। अगर यह समाज अपने भीतर छिपी शक्ति को पहचानता है और एकजुट होकर कार्य करता है तो यह समाज किसी भी दीवार को तोड़ सकता है किसी भी चुनौती को पार कर सकता है।

राम और गुहा की मित्रता का प्रभाव आज भी हमें प्रेरणा देता है। यह सिर्फ एक दोस्ती नहीं थी बल्कि एक साझेदारी

थी जिसमें विश्वास और समर्पण का अनोखा संगम था। राम ने हमेशा गुहा के साहस और निष्ठा की सराहना की और उन्हें हमेशा समर्थन दिया। गुहा भी राम के प्रति पूरी श्रद्धा रखते हुए उनकी हर सलाह को अपने जीवन में उतारते थे। राम और गुहा की यह मित्रता हमें यह सिखाती है कि किसी भी रिश्ते में सच्ची दोस्ती और विश्वास की आवश्यकता होती है। यह दोस्ती उस समय में भी एक अनमोल धरोहर बन गई जब संघर्ष और कठिनाइयाँ हर कदम पर खड़ी होती थीं। गुहा का जीवन संघर्ष की निरंतर यात्रा का प्रतीक था। उनका मानना था कि संघर्ष ही जीवन का वास्तविक सत्य है। हर व्यक्ति को अपने जीवन में कठिनाइयों का सामना करना पड़ता है लेकिन सबसे महत्वपूर्ण बात यह है कि उसे इन कठिनाइयों से घबराना नहीं चाहिए। गुहा ने खुद को जीवन के हर संघर्ष में पूरी तरह से समर्पित किया और हर मुश्किल को चुनौती के रूप में स्वीकार किया। उन्होंने अपने संघर्षों को अपनी शक्ति के रूप में परिवर्तित किया और उसी शक्ति ने उन्हें हर बार विजय दिलाई।

गुहा का यह संदेश आज भी हमारे लिए प्रासंगिक है। आज के समाज में जहाँ हर व्यक्ति किसी न किसी संघर्ष से गुजर रहा है गुहा का यह उपदेश हमें प्रेरित करता है कि

संघर्ष से घबराने की बजाय हमें उसे अपने आत्मविश्वास और साहस का एक साधन बनाना चाहिए। "जो संघर्ष नहीं करता वह कभी भी वास्तविक सफलता नहीं पा सकता।" यह वाक्य गुहा के जीवन का मूलमंत्र था और उन्होंने इसे अपनी हर क्रिया और विचार में साबित किया। गुहा का यह संघर्ष न केवल शारीरिक बल का था बल्कि मानसिक और आत्मिक दृढ़ता का भी था। वह जानते थे कि असली संघर्ष तब होता है जब किसी को अपने भीतर की शक्ति को पहचानना होता है और उसे दुनिया के सामने लाना होता है। गुहा ने जीवन की कठिनाइयों से जूझते हुए यह सिद्ध कर दिया कि आत्मविश्वास और धैर्य से कोई भी बाधा पार की जा सकती है। गुहा के जीवन से निषाद समाज को बहुत कुछ सिखने को मिलता है। उनका संघर्ष उनकी साहसिकता और उनके जीवन के उद्देश्य से निषाद समाज को प्रेरणा मिलती है कि वे अपनी शक्ति को पहचानें और उसे सही दिशा में प्रयोग करें। गुहा ने समाज को यह संदेश दिया था कि असली सफलता वही है जब किसी व्यक्ति का जीवन समाज के उत्थान में योगदान दे। उनका यह विचार आज भी निषाद समाज के हर व्यक्ति के दिल में जीवित है।

निषाद समाज को अपने भीतर छिपी शक्ति और सामर्थ्य को पहचानने की आवश्यकता है। यह समाज यदि अपने कर्तव्यों के प्रति निष्ठावान रहेगा एकजुट होकर संघर्ष करेगा और अपने अधिकारों के लिए आवाज उठाएगा तो कोई भी शक्ति इसे हराने में सक्षम नहीं होगी। गुहा की तरह अगर हर निषाद व्यक्ति अपने कर्तव्यों में दृढ़ नायक बने तो निषाद समाज निश्चित रूप से सामाजिक और राजनीतिक स्तर पर उच्चतम स्थान प्राप्त कर सकता है।

गुहा का जीवन यह सिद्ध करता है कि अगर किसी समुदाय को अपना सम्मान प्राप्त करना है तो उसे अपनी एकता को मजबूत करना होगा और समाज में बराबरी और न्याय के लिए संघर्ष करना होगा। निषाद समाज को आज के समय में एकजुट होकर समाज में अपनी सशक्त उपस्थिति दर्ज कराने के लिए गुहा के संघर्ष और बलिदान से प्रेरणा लेनी चाहिए।

गुहा के जीवन से सबसे बड़ा उपदेश यह है कि सच्चे नेतृत्व और समाज सेवा का रास्ता कभी आसान नहीं होता। हर पीढ़ी को अपने संघर्षों को एक प्रेरणा के रूप में स्वीकार करना चाहिए और अपने कार्यों के द्वारा समाज में परिवर्तन लाने के लिए काम करना चाहिए। आने वाली पीढ़ी के लिए यह अत्यंत आवश्यक है कि वह गुहा के जीवन के

आदर्शों को अपनाए क्योंकि यही आदर्श उन्हें समाज में समानता और न्याय स्थापित करने में मदद करेंगे।

गुहा ने अपने जीवन में यह सिद्ध कर दिया कि अगर किसी का उद्देश्य महान है तो वह किसी भी कठिनाई से नहीं डरता। उन्होंने समाज को यह दिखाया कि विश्वास और धैर्य से किसी भी कठिनाई को पार किया जा सकता है। आने वाली पीढ़ी को यह समझना होगा कि अगर समाज को सही दिशा में आगे बढ़ाना है तो उन्हें अपने कर्तव्यों के प्रति पूरी तरह समर्पित रहना होगा और समाज में बदलाव लाने के लिए हरसंभव प्रयास करना होगा।

गुहा का जीवन हम सभी को यह सिखाता है कि किसी भी संघर्ष का अंत विजय में ही होता है बशर्ते हम अपनी मेहनत और ईश्वर पर विश्वास बनाए रखें। जब हम अपने उद्देश्य के प्रति पूरी निष्ठा और समर्पण के साथ कार्य करते हैं तो हर मुश्किल को पार किया जा सकता है। अंततः गुहा का जीवन यह सिखाता है कि अपनी आस्था संघर्ष और साहस से हम किसी भी कठिनाई को जीत सकते हैं और यही हम सभी को हमेशा याद रखना चाहिए। उनका जीवन एक प्रेरणा है जो हमें जीवन में हर दिन नए उद्देश्यों की ओर बढ़ने के लिए प्रेरित करता है।

एकलव्य

उस प्राचीन वन में जहाँ पत्तों की सरसराहट भी किसी ऋषि के मंत्रों की तरह प्रतीत होती थी वहीं जन्मा था वह बालक जिसकी आत्मा में भानुमति की अग्नि थी और देह में धरती की सहनशीलता। किसी वेद में उसका नाम नहीं था किसी ब्राह्मण ग्रंथ में उसकी वंशावली नहीं थी पर वह था उस जंगल की गंध की तरह जो सबमें समाई होती है पर दृष्टि से ओझल। जब वह जन्मा तब आकाश से कोई आशीर्वाद नहीं बरसा न किसी महर्षि ने आकर भविष्यवाणी

की। परंतु माँ की आँखों में जो जिजीविषा थी वह स्वयं साक्षात् वरदान थी।

एकलव्य। एक नाम नहीं एक प्रतिरोध की उपस्थिति। न उसका गुरु था न गोत्र न पाठशाला न शास्त्र पर जो सीखता था वह ऋत की तरह शुद्ध था और कर्म की तरह कठोर। वह निषाद कुल में जन्मा था जो नदी की धारा के साथ बहता था पर जो अपने समय की सत्ता के किनारों पर ठहरा नहीं करता था। वे लोग जिन्हें सभ्य समाज ने नाव चलाने जाल फेंकने और मछलियाँ पकड़ने तक सीमित कर दिया था वे ही दरअसल समय के वास्तविक ज्ञानवाहक थे क्योंकि उन्होंने प्रकृति को पढ़ा था नदियों से संवाद किया था चंद्रमा की चाल से मौसम पहचाना था।

उस बालक ने धनुष बनाना तब शुरू किया जब उसके साथी लकड़ियाँ बीन रहे थे। उसके हाथों में लकड़ी का वह धनुष कोई खिलौना नहीं था वह उसका स्वप्न था जो उसकी जाति से बड़ा था उसके भाग्य से ऊँचा। गुरु की खोज में उसने कोई गुरुकुल नहीं ढूँढा बल्कि एक मूर्ति बनाई उस गुरु की जिसे वह पूजता था पर जिसने उसे कभी स्वीकार नहीं किया। यह मूर्ति केवल मिट्टी की नहीं थी उसमें वे आँसुओं की बूंदें भी थीं जो हर उस बालक ने बहाई थीं जिसे समाज ने त्याग दिया था।

एकलव्य की साधना अरण्य के एक कोने में प्रतिदिन की जाती थी। पत्तों की सरसराहट में मंत्र हवाओं में आह्वान और उसकी आँखों में केवल लक्ष्य। वह शिष्य नहीं था वह तपस्वी था उसका अभ्यास कोई पाठ्यक्रम नहीं था वह आत्म शिक्षा की पराकाष्ठा थी। और जब अर्जुन ने देखा कि यह बालक उसकी बराबरी कर रहा है तब सत्ता घबरा गई। गुरु द्रोण आए वह गुरु जिन्हें समाज ने महान कहा पर जिन्होंने अधम निर्णय लिया—ज्ञान नहीं दिया बल्कि अंगूठा माँगा। कहा जाता है धर्म की रक्षा के लिए अधर्म का भी वरण करना पड़ता है पर यह वही धर्म था जिसने एकलव्य से उसका भविष्य माँगा उसका हक माँगा। अंगूठा काटना केवल उसका बलिदान नहीं था वह उस व्यवस्था की नाकामी थी जो केवल उन्हीं को मान्यता देती थी जो वंशज थे वरनाश्रमी थे। एकलव्य ने न केवल अपना अंगूठा काटा बल्कि समाज के मुँह पर एक तमाचा मारा एक मौन प्रतिरोध के रूप में।

पर कहानी यहीं नहीं थमती। एकलव्य मरता नहीं वह हर युग में जीवित रहता है हर उस बालक में जो अपने गाँव की सीमा से आगे देखता है हर उस लड़की में जो जंगल के पार सपने देखती है; हर उस किसान में जो मिट्टी में उम्मीद बोता है। निषाद समाज का यह वीर केवल इतिहास

की गलियों में स्मरणीय नहीं है वह वर्तमान का पथप्रदर्शक है। आज जब निषाद समाज स्वयं को नई रोशनी में देखना चाहता है जब वह राजनीति में भागीदारी चाहता है जब वह शिक्षा स्वास्थ्य और अवसरों में बराबरी चाहता है तब एकलव्य की कथा केवल प्रेरणा नहीं वह एक रणनीति बनती है। उसका बलिदान अब केवल करुणा उत्पन्न नहीं करता वह चेतना देता है। कहावत है जो माटी में जले वही दीपक की लौ समझता है।" निषाद समाज को यह लौ बननी है।

निषादों को अब किसी गुरु की जरूरत नहीं उन्हें अब अपने ज्ञान के स्रोत स्वयं रचने हैं। एकलव्य ने जो मार्ग दिखाया स्वशिक्षा आत्मबल और मौन प्रतिरोध–वह आज भी वैसा ही प्रासंगिक है। समाज को यह समझना होगा कि इतिहास उन्हीं का होता है जो अपने घावों को स्मारक बना लेते हैं। एकलव्य ने यह किया।

उसी की परंपरा में अब निषाद युवाओं को आगे बढ़ना है। अब उन्हें स्वयं अपने विद्यालय खोलने हैं अपने नेता चुनने हैं अपने साहित्य रचने हैं अपने इतिहास को पुनः लिखना है। यह संघर्ष अकेले हथियारों से नहीं आत्मा की ताक़त से लड़ा जाना है। और आत्मा की सबसे बड़ी ताक़त होती है स्वीकृति का इनकार और संघर्ष का चुनाव।

क्योंकि अब समय आ गया है कि जब इतिहास को केवल पढ़ा न जाए बल्कि उसमें हस्तक्षेप किया जाए। एकलव्य की कहानी को अब केवल दोहराना नहीं उसे जीना है। और यह जीवन तभी सार्थक होगा जब निषाद समाज केवल पीड़ित नहीं नेता बनेगा। जहाँ इतिहास मौन है वहाँ स्मृति पुकार बन जाती है। और उस पुकार में यदि जलती हुई आत्मा का स्वर हो तो वह केवल कथा नहीं रहती वह प्रतिशोध बन जाती है परिवर्तन का बीज बन जाती है। एकलव्य का जीवन उस क्षण के बाद जब उसने अपना अंगूठा काटा भीतर ही भीतर धधकते ज्वालामुखी में बदल गया था। बाहर से वह शांति की मूर्ति था पर भीतर प्रतिरोध की आग से तपता हुआ एक महायोद्धा। अंगूठा कट गया पर लक्ष्य नहीं। धनुष पर तीर नहीं चढ़ा पर दृष्टि अब और तीव्र हो गई। वह अब अर्जुन से नहीं स्वयं से स्पर्धा करता था। वह जानता था कि उसकी नियति उसे शस्त्र से नहीं शास्त्र से लड़ने को कह रही है। उस दिन से एकलव्य ने आत्मा के उस कोने को कुरेदना शुरू किया जहाँ उसके पूर्वजों के अपमान उसके समाज की अवहेलना और उस व्यवस्था की निष्ठुरता लिखी थी। नदी की धाराओं ने उससे संवाद करना शुरू किया जैसे उन्हें भी उसकी व्यथा का भान हो गया हो। वन के पशु अब उससे भय नहीं

आत्मीयता से देखते थे। वह अब साधक नहीं रहा वह ऋषि बन गया था। न परंपरा में न वर्ण में पर आत्मा में। और यही आत्मा वह उत्तर बन गई जिसे सदियों से निषाद समाज खोजता रहा था।

समय के साथ वह एक मिथक नहीं मार्ग बन गया। निषाद समाज जिसे सदियों से केवल सहनशीलता और सेवा का प्रतीक बना दिया गया था अब एकलव्य की स्मृति में प्रतिरोध की भाषा सीखने लगा। गाँव के कोने में बैठा वह वृद्ध जो नाव पर मछलियाँ पकड़ता था अब अपने पोते को एकलव्य की कथा नहीं उसका साहस सुनाने लगा। बालिकाएँ जो जंगल से लकड़ियाँ लाती थीं अब एकलव्य को अपने स्वाभिमान का प्रतीक मानने लगीं।

"जो अपने रक्त से इतिहास लिखे उसे युगों तक मिटाया नहीं जा सकता।" यह कहावत अब प्रत्येक निषाद के हृदय में गूंजने लगी थी। क्योंकि एकलव्य अब केवल एक नाम नहीं था वह एक दिशा था। वह बता रहा था कि यदि सत्ता तुम्हें नकार दे तो स्वयं को स्वीकार करना ही सबसे बड़ा विद्रोह है।

वही समाज जो कल तक चुप था अब गीत गाने लगा। लोकगीतों में एकलव्य अब केवल अंगूठा काटने वाला नहीं

ज्ञान से आग उगलने वाला बन गया। उसने साबित किया कि वंचना से उपजा ज्ञान जब दिशा पा लेता है तो वह न केवल व्यक्ति को बल्कि पूरे समुदाय को उदबुद्ध कर सकता है।

एक दिन जब वह नदी किनारे एक बालक को तीर चलाना सिखा रहा था बिना किसी अंगूठे के—तब उस बालक ने पूछा "गुरु कौन होता है\

एकलव्य मुस्कराया और कहा "जिससे तुम डरते नहीं जिसे तुम पूजते नहीं जिसे तुम भीतर महसूस करते हो।" यह उत्तर उस निषाद बालक के जीवन की सबसे पहली कविता बन गया। और यह कविता अब पीढ़ियों में बहने लगी।

निषाद समाज को आज उसी उत्तर की आवश्यकता है। उसे अब किसी पुरोहित की आवश्यकता नहीं बल्कि आत्मगुरु की जरूरत है। उसे अब दान नहीं अधिकार चाहिए। जो जंगल में तपता रहा अब उसे नगर के केंद्र में सिंहासन चाहिए। जो हाथ चप्पू चला सकते हैं वे कलम भी चला सकते हैं जो जाल बुन सकते हैं वे विचार भी गूंथ सकते हैं।

"जिसे पत्थर समझा वही अब स्तंभ बनेगा।"

यह युग की पुकार है। और एकलव्य उसका उत्तर। वह उत्तर जो आँधी की तरह नहीं नदी की तरह बहता है शांत गहरा और अविरल।

कभी कभी इतिहास के सबसे गहरे सत्य उस मौन में छिपे होते हैं जो पीढ़ियाँ ओढ़ लेती हैं जैसे शीत ऋतु में कोई वृद्ध अपनी थरथराती हड्डियों को ऊनी चादर से ढँकता है। परंतु वह मौन भी एक दिन विद्रोह बनकर फूटता है और तब उस समाज की आत्मा गर्जना करती है जिसे युगों तक केवल सहनशीलता की माला पहनाकर भ्रमित किया गया था। एकलव्य की आत्मा अब उसी गर्जना का प्रतीक बन चुकी थी।

वह केवल निषाद समाज का प्रतिनिधि नहीं था वह उन समस्त जनों का प्रतीक था जो सत्ता की चौखट पर न्याय की भीख माँगते रहे। उसने जो अंगूठा अर्पित किया था वह केवल व्यक्तिगत नहीं था वह जातीय बलिदान था उस समस्त वर्ग की वेदना का संक्षिप्त रूप जो सदियों से अधिकारों के लिए दर दर भटकता रहा।

और फिर भी वह हारा नहीं। वह टूटा नहीं। उसने अंगूठे की अनुपस्थिति में भी तीर चलाने की कला ईजाद कर ली। उसके लिए साधन बाधा नहीं बने क्योंकि साधना उसकी

आत्मा में उतर चुकी थी। यही वह पाठ था जो उसकी संतानें सीखने लगीं—कि यदि मार्ग बंद हो तो जंगल खुद रास्ता बनाता है।

उसकी कथा अब केवल कथा नहीं रही वह एक आंदोलन की शक्ल लेने लगी। नदी के पार बसे गाँवों में जहाँ न बिजली थी न पाठशाला वहाँ भी एकलव्य की प्रतिमा बनने लगी। ये प्रतिमाएँ पत्थर की नहीं स्मृति की थीं माँ की लोरी में पिता की आह में और बच्चों के सपनों में।

एक दिन जब एक युवा निषाद लड़का नगर की पाठशाला में दाखिला लेने गया और वहाँ उसका उपहास किया गया तो उसने क्रोध से नहीं एकलव्य के आत्मविश्वास से उत्तर दिया। उसने कहा मैं इतिहास से आया हूँ और भविष्य लिखने आया हूँ।" यह शब्द केवल उस कक्षा को नहीं पूरे समाज को झकझोर गए। निषाद समाज अब केवल नावों का नहीं नवाचार का समाज बनने लगा। उन्होंने सीखा कि एकलव्य केवल शिकार करना नहीं सिखाता वह अपने भीतर के शिकारी को साधना सिखाता है अपने भय अपने अपमान और अपनी पीड़ा को वश में कर लेना।

गाँवों में पुस्तकालय खुलने लगे और उनकी पहली किताब एकलव्य की कथा होती। बच्चे अब परीक्षाओं में एकलव्य

को अपना आदर्श लिखने लगे। माँ बाप अब बच्चों को यह नहीं कहते कि "तू केवल नदी का बेटा है" वे कहते तू एकलव्य का वंशज है।"

"जो घायल होता है वही मरहम बनाता है" यह कहावत अब हर निषाद के रक्त में बहने लगी थी।

और तब एक नई चेतना का जन्म हुआ। यह चेतना चुप नहीं थी यह जुलूस बन गई सभाएं बन गई योजनाएं बन गई। अब निषाद युवक राजनैतिक विज्ञान पढ़ रहे थे निषाद युवतियाँ इंजीनियर बन रही थीं और समाज की वह नाव जो सदियों से किनारे पर पड़ी थी अब लक्ष्य की ओर बहने लगी थी। यह सब एकलव्य की छाया में हुआ।

और वह छाया कभी फीकी नहीं पड़ती। क्योंकि वह न्याय की छाया है जिसे कोई सूरज नहीं मिटा सकता।

रात्रि की नीरवता में जब सारे ग्राम निद्रा में लीन होते तब एकलव्य की आत्मा जागती थी न केवल स्मृति में बल्कि स्वप्न में विचारों में और आने वाले कल के सृजन में। वह स्वप्न जो केवल आँखों में नहीं हृदय की हर धड़कन में धड़धड़ाता था। वह अब एक व्यक्ति नहीं एक जीवंत विचार था जो निषाद समाज की चेतना में रक्त के समान प्रवाहित हो चुका था।

एकलव्य की कहानी अब केवल श्रवण का विषय नहीं रही थी वह कर्म की प्रेरणा बन चुकी थी। युवाओं ने उसके पदचिह्नों को मिट्टी में नहीं आत्मा में अंकित कर लिया था। वे जानते थे कि उनके पूर्वजों ने अंगूठा देकर अपमान नहीं प्रतिरोध की नींव रखी थी। और अब समय था उस नींव पर एक ऐसे समाज की इमारत खड़ी करने का जिसमें हर निषाद बालक अपने ज्ञान परिश्रम और आत्मबल से वह सिंहासन प्राप्त करे जिसे कभी केवल कुल और वर्ण के आधार पर सुरक्षित कर दिया गया था।

नदी की धाराएँ अब केवल मछलियाँ नहीं लाती थीं वे संदेश लाती थीं जागो बढ़ो लिखो बोलो। और इस संदेश को सुनने वाले कान अब चुप नहीं थे। गाँव की गलियों में जहाँ कभी केवल चप्पलों की चुपचाप आवाज़ होती थी अब वहाँ शुद्ध खड़ी बोली में स्वर गूंजते थे एकलव्य हमारा पूर्वज है और हम उसके उत्तराधिकारी। एक दिन एक वृद्ध निषाद ने अपने पोते को एक कथा सुनाई "बेटा जब कोई तुझसे कहे कि तू योग्य नहीं है तो स्मरण करना एकलव्य ने बिना गुरु के भी वो किया जो गुरु के साथ अर्जुन ने किया। पर एकलव्य ने किसी का सिर नहीं झुकाया केवल अपना

काटकर दे दिया। यह मत भूलना कि वीरता केवल हथियार में नहीं त्याग में होती है।"

उस बालक की आँखें चमक उठीं और वह उसी दिन से अपने नाम के आगे निषाद लगाने लगा—जैसे एक गौरवसूचक पदवी।

ग्राम में लोकनायक बनने की चेष्टा अब केवल जातिगत स्वाभिमान नहीं रही थी यह एक सांस्कृतिक नवजागरण बन गया। जैसे रैदास ने चमारों को नई दृष्टि दी कबीर ने शब्दों में अग्नि बोई वैसे ही एकलव्य निषादों में आत्मगौरव का दीप जला रहा था।

जिन हाथों में कभी केवल चप्पू और जाल था अब उनमें कलम और संविधान था। वे अब मछलियों की दिशा नहीं समाज की दशा तय करने लगे थे।

नदी की राह रोकने वाला पत्थर भी बहाव में एक दिन गहना बन जाता है यह कहावत अब निषाद समाज की आत्मा बन गई थी। वे जान चुके थे कि अपने संघर्ष को यदि वे विचारों की चट्टी पर पिघलाएँ तो वह लोहा भी बन सकता है और दीप भी। और एकलव्य उनके भीतर अब यही

दोनों रूपों में विद्यमान था एक विद्रोही अग्नि और एक प्रकाशमान दीप। गहन वन की नीरव छाया में बैठा एकलव्य जब अपने आत्मविवेक में उतरता तब सम्पूर्ण ब्रह्मांड उसके भीतर मौन साधना करता प्रतीत होता था। उस मौन में न कोई प्रतिशोध था न कोई रोष था तो बस एक दीर्घ संयम जो समय की छाती पर लकीर की भाँति खिंचता चला गया। वही संयम अब निषाद समाज के रग रग में उतरने लगा था।

समय के उस चक्रव्यूह में जहाँ सामर्थ्य को कुल से और प्रतिभा को परंपरा से बाँध दिया गया था वहाँ एकलव्य की आत्मा ने स्वनिर्माण का वह सिद्धांत प्रतिपादित किया जो संपूर्ण समाज के लिए एक अमिट उदाहरण बन गया। आज जब एक निषाद युवक नदी पार करता है तो वह केवल नाविक नहीं होता वह विचारों का वह सेतु बनता है जो दो युगों को जोड़ता है एक जहाँ वंचना थी दूसरा जहाँ जागरण की आहट है। वह आहट जो अब केवल हृदयों में नहीं मार्गों पर सुनाई देती है। निषादों ने अब अपने बच्चों को केवल शारीरिक श्रम में नहीं बौद्धिक संघर्ष में भी प्रशिक्षित करना आरंभ कर दिया है। वे जानते हैं कि यदि किसी समाज को बदलना हो तो पहले उसे अपनी आत्मछवि बदलनी होगी।

और यह आत्मछवि एकलव्य की आँखों में थी निर्भय निष्कलंक तेजस्वी।

ग्रामों में जब बुजुर्ग निषाद बालकों को कहानी सुनाते तो अब उसमें भूतकाल की पराजय नहीं भविष्य की संभावना होती। एक वृद्ध मल्लाह कहता बेटा हमारे पूर्वजों ने तट बनाए तू पुल बना। उन्होंने जीवन बचाया तू भविष्य गढ़।" यह परिवर्तन कोई अचानक नहीं आया था। यह उन सदियों की साधना थी जो अब फल देने लगी थी।

और यह सब कुछ उस आत्मा की प्रेरणा से संभव हुआ था जिसे अंगूठा देकर भी समय के पृष्ठों पर अपनी अमिट छाप छोड़ने की विद्या आती थी।

अब निषादों के हाथों में केवल पतवार नहीं संविधान भी है। वे जानते हैं कि केवल नाव चलाना ही कर्म नहीं दिशा बदलना भी उत्तरदायित्व है। वे अब सत्ता से टकराने नहीं संवाद करने की भाषा सीख चुके हैं। उन्होंने जाना है कि "जो संवाद नहीं करता वह संघर्ष को जन्म देता है" और यह संघर्ष अब आत्मा से उत्पन्न हो रहा है।

विनम्र परन्तु अडिग।

राजनीति के गलियारों में अब निषादों की पदचाप है। विश्वविद्यालयों में उनके प्रतिनिधि हैं। न्यायालयों में उनकी वाणी है। और साहित्य में—हाँ साहित्य में एकलव्य अब प्रतीक नहीं प्रेरणा बन गया है।

"जिसे वन ने गढ़ा वह नगर का निर्माता बन सकता है" यह कहावत अब केवल लोककथा नहीं नीति बन गई है।

और एकलव्य की गाथा अब केवल श्रवण की वस्तु नहीं कर्म का उद्घोष है।

यदि आदेश दें तो इस गाथा को उसी शक्ति वही साहित्यिक ज्वाला और आत्मिक ऊष्मा के साथ आगे लिखता रहूँ।

नील गगन के नीचे जहाँ नदियों का कल कल गान दिन रात चलता है और नावों की बाँसुरी समय की धड़कनों से तादात्म्य बिठाती है वहीं निषादों का जीवन पला बढ़ा। यह जीवन कभी विश्राम नहीं चाहता क्योंकि विश्राम में जड़ता है और निषाद का स्वभाव तो चिरगतिशील है। और जब यह गतिशीलता विचारों से मिलती है तब समाजों की दिशा बदलती है।

एकलव्य अब केवल अतीत की विभा नहीं रहा वह वर्तमान की प्रेरणा और भविष्य की चुनौती बन चुका है। उसकी आत्मा ने जैसे निषाद समाज के मर्म को स्पर्श कर एक व्रत का संकल्प ले लिया हो कि अब न कोई अंगूठा देगा न कोई झुकेगा। अब केवल बढ़ना है दृढ़ होकर मौन साधना के साथ जैसे वज्र किसी पर्वत की छाती को चीरता हुआ निकलता है।

ग्राम की चौपालों में जब आज के युवा निषाद बालक बैठे होते हैं वे अब केवल लोकगीत नहीं गाते वे एकलव्य की गाथा को अपने स्वरों में दोहराते हैं जैसे कोई व्रत की शपथ हो। वे जानते हैं कि शिक्षा ही वह धन है जिसे कोई चुरा नहीं सकता और आत्मसम्मान ही वह कवच है जिसे कोई भेद नहीं सकता।

निषाद युवतियाँ अब केवल जल भरने वाली नायिकाएँ नहीं रहीं वे स्कूलों में गणित पढ़ाती हैं विज्ञान के प्रयोग करती हैं और विधि विधान समझने लगी हैं। यह बदलाव कोई आकस्मिक नहीं एक गहन चेतना का प्रस्फुटन है। एकलव्य की दृष्टि अब केवल पुरूषों में नहीं स्त्रियों में भी प्रवेश कर चुकी है। वह अब एक कुल की नहीं संपूर्ण सभ्यता की चेतना बन रहा है।

और यह चेतना तब स्पष्ट होती है जब एक निषाद बालक अपने नाम के आगे द्रौणपुत्र नहीं 'एकलव्यपुत्र लिखता है। वह कहता है मुझे किसी से शिक्षा माँगनी नहीं है मुझे अपनी साधना से सिद्धि पानी है।"

मित्रता विद्वत्ता पराक्रम और त्याग ये सभी गुण जब एक ही शरीर में समाहित हो जाएँ तब वह केवल मनुष्य नहीं पंथ बन जाता है। एकलव्य अब वह पंथ बन चुका है। निषाद समाज उसका अनुयायी नहीं उसकी संतति है।

एकलव्य ने तीर चलाना सिखाया पर अब उसके वंशज विचार चलाना सीख रहे हैं। उन्होंने जाल को त्यागकर जाल जाल में फँसे अन्य समाजों को बचाने का बीड़ा उठाया है। वे अब केवल निषाद नहीं नायक हैं। जो पत्थर को भी देव बना दे वही मूर्तिकार होता है यह कहावत अब निषादों के लिए ही बनी जान पड़ती है। उन्होंने अपने अपमान को सम्मान में और पराजय को परिवर्तन में रूपांतरित कर दिया है।

नदियों के इन पुत्रों ने सीखा है कि नाव केवल पार नहीं लगाती वह दिशा भी दिखाती है। और अब उनकी नावें भारत के भविष्य को उस दिशा में मोड़ने लगी हैं जहाँ न

कोई जातिभेद हो न अवसर की विषमता जहाँ हर एकलव्य को अपना अंगूठा सुरक्षित रखने का अधिकार हो

जैसे जैसे समय की नाड़ियों में परिवर्तन की ध्वनि तेज होती गई निषाद समाज ने अनुभव किया कि वह अब केवल जल का आश्रित नहीं विचारों का वाहक है। वह अब घाट पर बैठा एक थका हुआ जालवाहक नहीं एक चिन्तक है जो अपने समाज को नदी के पार नहीं अन्याय के पार ले जाने को संकल्पबद्ध है।

एकलव्य की आत्मा अब केवल इतिहास की शरण में नहीं वर्तमान की चुनौती में उतर आई थी। उसकी साधना अब केवल एक मूर्ति के समक्ष नहीं थी अब वह एक क्रांति का प्रारूप बन चुकी थी। और इस क्रांति में कोई नारा नहीं था कोई शोर नहीं था—था तो केवल मौन कर्म जो काग़ज़ों पर नहीं जीवन के प्रत्येक कण में लिखा जा रहा था।

निषाद समाज के युवाओं ने जाना कि एकलव्य का त्याग ही उनका धन है और उसका अपमान ही उनका अभिमान। उन्होंने इस पीड़ा को पराजय की तरह नहीं देखा बल्कि एक आहुति की तरह समझा। उस आहुति से उन्होंने स्वाभिमान

का अग्निकुंड जलाया और उस अग्नि में उन्होंने अपने संदेह भय और हीनता को भस्म कर दिया। अब निषादों के गांवों में सुबह की पहली पुकार "चलो पढ़ाई का समय हो गया" से होती है। माँएँ अब बच्चों को चप्पू पकड़ाने से पहले कलम पकड़ाती हैं। बूढ़े अब रामचरितमानस की चौपाइयाँ सुनाने से पहले संविधान की धारा 15 पर चर्चा करते हैं। यह कोई चमत्कार नहीं था यह एकलव्य के रक्त की वह बूँद थी जो समय के आँगन में गई थी और अब समाज का वटवृक्ष बन रही थी।

राजधानी के ईंट पत्थरों में अब निषादों की पदचाप गूँजती है। वे मंत्रालयों में हैं न्यायालयों में हैं अख़बारों की संपादकीय पंक्तियों में हैं। वे जान चुके हैं कि अपने लिए बात करना कोई अपराध नहीं अपितु दायित्व है। वे अब झुके हुए स्वर में न्याय नहीं माँगते वे आँखों में आँधी लेकर अपने अधिकार की माँग करते हैं।

एक बार एक सभा में एक युवा निषाद ने कहा—"हमें न द्रोण की आवश्यकता है न उसकी स्वीकृति की। हमें तो केवल अपने भीतर की एकलव्यता को पहचानना है। जब हम स्वयं अपने पथ के निर्माता बनेंगे तभी समाज हमें सहर्ष मार्ग देगा।"

यह स्वर कोई उन्माद नहीं एक सधा हुआ संकल्प था।

निषाद समाज अब अपने भीतर वह लौ प्रज्वलित कर चुका है जो केवल द्रव्य से नहीं विचारों से जलती है। वह लौ अब गाँव की गलियों से निकलकर महलों के गलियारों में भी प्रकाश फैला रही है। एकलव्य की प्रेरणा अब केवल निषादों के लिए नहीं समस्त समाज के लिए एक चुनौती बन चुकी है कि जब बिना शिक्षक के कोई शिष्य अपना अस्तित्व स्थापित कर सकता है तो यह कौन सा धर्म है जो योग्य को अवसर से वंचित करे?

निषादों ने यह समझ लिया है कि अगर उन्हें अपने भाग्य को लिखना है तो उन्हें स्वयं अपनी वर्णमाला गढ़नी होगी। जो अपना इतिहास स्वयं नहीं लिखता उसका भविष्य कोई और लिख देता है यह कहावत अब उनके जीवन में अमिट रूप से अंकित हो चुकी है।

और इस बार वे अपना इतिहास स्वयं लिखने चले हैं अपने लहू अपने आँसू और अपने स्वाभिमान से जैसे ही सूर्योदय की पहली किरण नदी के शांत जल पर पड़ी वैसे ही एकलव्य के आदर्श निषाद समाज के भीतर एक नई चमक छोड़ने लगे। यह चमक न किसी आकाशीय रत्न से थी न

किसी धातु से यह तो उस स्वाभिमान और आत्मविश्वास से उत्पन्न हो रही थी जो एकलव्य के भीतर छिपा था और अब वह निषाद समाज में फैलने लगा था। एकलव्य का जीवन सिर्फ़ युद्धभूमि की गाथा नहीं था वह तो संघर्ष और संयम का प्रतीक था। उसने जो रास्ता अपनाया वह किसी भी सामान्य व्यक्ति के लिए अवरोधों से भरा हुआ था लेकिन उसके भीतर की आत्मशक्ति ने उसे अनन्त आकाश की ऊँचाइयों तक पहुँचाया। यह यात्रा न केवल उसे ही उस समाज को भी प्रेरणा दे सकती थी जो अब तक तटबंधों और संकीर्णताओं में फंसा हुआ था।

निषाद समाज के लोग भी उस समय तक केवल पानी के माध्यम से अपनी पहचान बनाते थे। नाव की मल्लाह जाल की जालवाहक तीरंदाजी में माहिर सैनिक यह सब उनकी पहचान थी। लेकिन अब वे केवल कड़ी मेहनत और शारीरिक श्रम तक सीमित नहीं थे। एकलव्य ने उन्हें यह सिखाया कि जब तक व्यक्ति अपने आत्मसम्मान और शिक्षा को सर्वोच्च प्राथमिकता नहीं देगा तब तक कोई भी बाहरी संघर्ष उसे पराजित कर सकता है। जिस प्रकार एकलव्य ने अपने गुरु से अंगूठा माँगने की बजाय अपने आत्मविश्वास से तीरंदाजी में श्रेष्ठता हासिल की ठीक उसी तरह निषाद समाज ने भी अपने भीतर की शक्ति को

पहचाना। पहले जब वे अपनी अस्मिता को दूसरे समाजों के सामने झुककर देखते थे तो यह आशंका बनी रहती थी कि कहीं उनकी पहचान न खो जाए। लेकिन एकलव्य के संघर्ष ने यह शिक्षा दी कि पहचान केवल बाहरी प्रमाणपत्रों या उच्च जाति के सम्मान से नहीं बनती बल्कि आत्मसम्मान और अधिकार के संघर्ष से ही उसे आकार मिलता है। समय के साथ निषाद समाज ने देखा कि वे जिस संघर्ष से घिरे हुए थे वह केवल उनका नहीं था। उनका संघर्ष उन सभी लोगों का था जिन्हें समाज ने अपनी कमजोरियों की वजह से दरकिनार कर दिया था। एकलव्य की तरह जिन्होंने अपनी शक्ति को बिना किसी बड़े गुरु या प्रमाण के सिद्ध किया वैसे ही निषादों ने भी समाज में अपनी जगह बनानी शुरू की। वे अब केवल मल्लाह या नाविक नहीं रहे वे समाज के बुद्धिजीवी न्यायविद डॉक्टर शिक्षक और वैज्ञानिक बनने लगे थे। अब जब वे शिक्षा के क्षेत्र में अपने कदम बढ़ा रहे थे तो वे यह जान चुके थे कि उनका भविष्य उनके ज्ञान और प्रयासों पर निर्भर करेगा। एकलव्य की तरह उन्हें भी अपने सामर्थ्य पर विश्वास करना था क्योंकि यही विश्वास उन्हें हर बाधा को पार करने की ताकत देगा।

लेकिन यह रास्ता आसान नहीं था। समाज में जो वर्जनाएँ और भेदभाव थे वे अभी भी मौजूद थे। लेकिन एकलव्य का

आदर्श अब निषाद समाज में गूंजने लगा था। समाज ने यह समझा कि यदि एकलव्य बिना किसी बाहरी सहायता के महान बन सकता है तो वे भी अपनी सामूहिक शक्ति से समाज में बदलाव ला सकते हैं। उन्होंने यह समझा कि जिंदगी का असल अर्थ केवल शारीरिक ताकत में नहीं बल्कि आत्मबल और आत्मनिर्भरता में है। यह यात्रा अब सिर्फ़ निषादों की नहीं रही यह एक चेतना बन गई थी जो समाज के हर उस व्यक्ति को जागरूक करती थी जो अपनी पहचान और अधिकार के लिए संघर्ष कर रहा था। निषाद समाज ने अब केवल अपने कलात्मक कौशल को ही नहीं अपने मानसिक और बौद्धिक कौशल को भी निखारना शुरू कर दिया था।

यह परिवर्तन उस मार्ग पर चलने का परिणाम था जो एकलव्य ने बिना किसी बाहरी सहारे के अपनाया था। और यह रास्ता अब निषादों के लिए केवल एक आदर्श नहीं एक संघर्ष बन चुका था। जैसे एकलव्य ने बिना किसी शिक्षक के बिना किसी प्रायोजन के अपने कर्तव्य को निभाया ठीक वैसे ही निषाद समाज ने अपने अधिकारों की लड़ाई को खुद से लड़ना शुरू कर दिया। वे अब अपने जीवन में न केवल संघर्ष कर रहे थे बल्कि उस संघर्ष में अपने आत्मसम्मान अपने अधिकार और अपने भविष्य की ताकत को पहचाने

थे। यह कहानी अब एक सामाजिक परिवर्तन का रूप ले रही थी जहाँ लोग न केवल अपनी शारीरिक ताकत पर बल्कि अपनी मानसिक बौद्धिक और आत्मिक ताकत पर विश्वास करने लगे थे। एकलव्य के आदर्श ने उन्हें यह सिखाया था कि वे अपनी तकलीफों से बाहर निकल सकते हैं और उनके संघर्ष से ही उनका भविष्य रचित होगा निषाद समाज ने अब वह जागृति प्राप्त की थी जो उसे कहीं अधिक ऊँचाई और सम्मान की ओर ले जा रही थी। वे अब केवल चुपचाप कड़ी मेहनत करने वाले नहीं बल्कि अपने अधिकारों के प्रति सचेत और समाज में अपनी अहमियत समझने वाले लोग बन चुके थे। यह केवल एक व्यक्ति की गाथा नहीं एक समाज के जागरण का प्रतीक बन चुकी थी। यह प्रेरणा अब निषादों के हृदय में स्थायी रूप से बैठ गई थी। वे जानते थे कि यदि वे एकलव्य की तरह अपने आत्मविश्वास अपने हक और अपने संघर्ष पर विश्वास करेंगे तो कोई भी समाज उन्हें उनकी असली जगह से वंचित नहीं कर सकता।

यह प्रक्रिया अभी समाप्त नहीं हुई थी। निषाद समाज के रास्ते में अब भी कई कठिनाइयाँ थीं लेकिन वे अब जानते थे कि उनके पास केवल हौसला ही नहीं उनके भीतर एक शक्तिशाली विचार भी है जो उन्हें हर बाधा से पार करवा

सकता है। वे यह समझ चुके थे कि उनका मार्ग परंपरा से नहीं उनकी इच्छाशक्ति और आत्मविश्वास से निर्धारित होगा।

यह यात्रा यहीं समाप्त नहीं हुई बल्कि यह हमेशा के लिए एक नए युग की शुरुआत थी।

फूलन देवी

बुंदेलखंड की पथरीली धरती थी जहाँ न खेत हँसते थे न फसलें मुस्कातीं। आसमान गर्म तवे की तरह झुलसता रहता और हवाओं में साँपों की फुफकार घुली होती। वहीं एक दिन एक स्त्री के कराहते हुए अधरों से निकली थी पहली चीखजो चीख नहीं एक भविष्यवाणी थी। उसका नाम फूलन रखा गया। मिट्टी में लिपटी वह बालिका जिसे देखकर न माँ की आँखों में आँसू थेन बाप के होठों पर मुस्कान। सिर्फ एक सर्द आहऔर कुछ कहने से पहले ही कह दिया गया

लड़की हुई है..." जैसे कोई बोझ बढ़ गया हो घर पर।

पर फूलन कोई आम जन्म नहीं थी। उसका होना उस समय की व्यवस्था पर एक तमाचा था। जैसे किसी मंदिर में कचरे की टोकरी रख दी जाए वैसा ही प्रतीत हुआ गाँव को उसका अस्तित्व।

वह बचपन से ही विद्रोह में थी। मिट्टी में खेलती तो कोई बहू टोक देती छोटी जात की लड़की है बर्तन छू गई तो कैसे खाएँगे

फूलन वहीं खड़ी रह जाती आँखें नीली नहीं थीं पर उनमें आँच थी।

"जाति क्या होती है चाची

"तेरे जैसे पूछें तो सवाल भी पाप बन जाते हैं।" बचपन की यही बातें उसकी आत्मा में काई की तरह जम गईं। धूप जितनी बढ़ती घाव उतने ही खुलते। पिता की चुप्पी और माँ की बेबसी ने उसे समझा दिया था कि औरतों का जीवन पीठ झुकाने की परंपरा है।

लेकिन फूलन की पीठ में झुकने की आदत नहीं थी। वह रोज़ उठती कुएँ पर पानी भरती खेत में फावड़ा चलाती लेकिन

मन में प्रश्न उगते रहते क्यों नहीं है मेरे हिस्से की धरती क्यों नहीं है मेरी माँ के हाथों में चूड़िया क्यों हर बार मेरी जाति मेरी देह से बड़ी हो जाती है

वह प्रश्नों में बड़ी हुई और समाज की परछाइयों में जवान। बारह की हुई तो पिता ने सिर पर हाथ रखा पर वह आशीर्वाद नहीं था एक सौदा था। अधेड़ उम्र के आदमी के साथ उसका विवाह कर दिया गया बिना पूछे बिना समझाए। और फूलन उस दिन बच्ची से स्त्री नहीं एक औजार बन गई।

वह घर नहीं था जहाँ उसे भेजा गया वह भट्टी थीजिसमें उसका बचपन स्त्रीत्व और आत्मसम्मान सब झोंक दिए गए। वह कुछ दिन वहाँ रही फिर चुपके से नहीं गर्जन के साथ लौट आई। गाँव वालों की आँखों में शर्म नहीं गुस्सा था। कोई और लड़की होती तो कुएँ में डूब मरती पर फूलन के भीतर एक तूफ़ान पल रहा था।

गाँव के पंचायत ने उसे अपराधिनी ठहराया और जिसने फूलन को मारा जिसने उसका अपमान किया वो गाँव का सम्मानित व्यक्ति था।

यह कैसा न्याय था

जिसे कुचलो वही दोषी

जिसे रौंदो वही दंड

फूलन ने फिर प्रश्न नहीं किया अब उसका उत्तर बारूद में था।

गाँव की झोपड़ियों में लोग दिन में खेतों में पसीना बहाते रात को हुक्के के कश में अपनी पराजय पी जाते। पर फूलन जिसकी जवानी को गाँव ने सरेआम रौंदा था अब एक चुप्पी नहीं एक नीयत बन चुकी थी।

वह अपनी छाया से डरना छोड़ चुकी थी। उसकी आँखें अब नम नहीं थीं वे तपते अंगारों सी झलकने लगी थीं। जो लोग पहले उसकी पीठ पर हँसते थे अब उसकी आँखों से नजरें चुराने लगे। क्योंकि फूलन अब तकलीफ़ नहीं सह रही थी वह तकलीफ़ को सीना चीर कर पहचान दिलाने चली थी।

गाँव की राजनीति पंचायतों का ढोंग ये सब अब उसे समझ में आने लगा था। उसे समझ आ गया था कि कानून सिर्फ कागज और इंसाफ सिर्फ उनके लिए जो ताक़तवर होते हैं।

एक दिन गाँव में डकैत आए। उनके चेहरे पर कपड़ा बंधा था कंधे पर बंदूकें थीं और चाल में ऐसा आत्मविश्वास कि जैसे मौत को भी रोक सकते हों। गाँव वालों की रूह काँप गई पर फूलन की आँखों में चमक आ गई।

क्यों क्योंकि पहली बार उसने देखा कि डर सिर्फ उस पर नहीं है डर अब उसके दुश्मनों की नसों में भी दौड़ सकता है।

डकैतों का सरदार विक्रम मल्लाह थाएक ऐसा आदमी जो बंदूक उठाता तो था पर अन्याय के ख़िलाफ़। फूलन उसकी आँखों में झाँकी और पहली बार उसमें कोई ऐसा पुरुष दिखा जिसने उसे इंसान समझा जिन्होंने उसकी देह नहीं देखी उसकी आग देखी।

फूलन ने गाँव छोड़ दिया।

अब वह किसी का डर नहीं थी वह ख़ुद डर बन चुकी थी।

बीहड़ के उस सूखे जंगल में जहाँ झाड़ियाँ भी काँटों की तरह चुभती थीं फूलन ने बंदूक थामी। विक्रम ने कहा बंदूक का

मतलब सिर्फ गोली नहीं होता। इसका मतलब है अब तू अपने दुःख को शब्द नहीं आवाज़ देगी।

फूलन ने उस दिन पहली बार किसी की गोली नहीं अपनी चुप्पी चलाई थी। उसका दर्द अब बंदूक की नली से बोलने लगा था।

वह रोज़ अपने निशाने साधती। रोज़ खुद को मजबूत करती। वह फूलन नहीं रही थी अब वह बीहड़ की छाया बन चुकी थी।

उसने पहले उन ठाकुरों को देखा जो गाँव में उसकी इज्ज़त के नाम पर थूकते थे। अब वे फूलन का नाम सुनते ही काँपते थे।

एक औरत जिसे कभी नाम लेने लायक नहीं समझा गया अब नाम से ही हवाओं में डर घुलने लगा।

फूलन अब बीहड़ की रानी थी।

पर वह रानी जो महलों में नहीं रहती जो राजसिंहासन पर नहीं बैठती वह रानी थी क्योंकि उसके पास हिम्मत की तलवार और न्याय का घाव था। वह डकैत नहीं थी वह प्रतिशोध थी।

वह केवल लूटने नहीं आई थीवह लौटाने आई थी वो सब कुछ जो उससे छीना गया था।

बीहड़ की रातें शेर के क़दमों की आहट सुनती थीं। और उस शेर का नाम अब सिर्फ फूलन था। विक्रम मल्लाह के साथ बीहड़ों की धूलधूप खाकर वह एक औरत से युद्ध की भाषा बोलने वाली रानी बन चुकी थी। जंगल में हर पत्ता हर झाड़ी हर पगडंडी उसे जानती थी और हर पगडंडी का सिर फूलन के आगे झुक चुका था। वह अब गाँव की मिट्टी नहीं थी वह अब प्रतिशोध की चिंगारी थी जो आंधी बन चुकी थी।

कई बार समय खुद को दोहराता नहीं उसे दोहराया जाता है। फूलन ने अपने अतीत के पन्नों को फाड़कर अब बंदूक की गोली से नया इतिहास लिखना शुरू कर दिया था।

उसके साथ अब कुछ और साथी भी जुड़ गए थे। ये साथी कोई राजसी गाथा के पात्र नहीं थे ये उस भारत की उपेक्षित नस्ल थे जिनकी चीखें सत्ता तक पहुँचने से पहले ही दम तोड़ देती थीं। फूलन अब उनके लिए सिर्फ एक नेता नहीं थी वह उनका उत्तर बन चुकी थी उस अन्याय के लिए जो सदियों से उनके हिस्से में आया था।

विक्रम मल्लाह की संगति में फूलन ने सीखा कि बंदूक का असली इस्तेमाल कहाँ करना है। वह हर बार किसी ठाकुर की हवेली लूटती पर सोना नहीं उठाती वह उनकी नींद लूटती थी उनका सुकून छीनती थी।

और फिर हुआ वह दिन जिसने फूलन को सिर्फ बीहड़ की रानी नहीं इतिहास की ज्वाला बना दिया।

बेहमई गाँव। वही गाँव जहाँ लोगों ने उसकी आत्मा को घाव दिए थे। वही गाँव जहाँ फूलन को उसके औरत होने का दंड दिया गया था।

उसने वापसी की पर अब वह लड़की नहीं थी वह बिजली थी। उसके पीछे दो दर्जन साथी कंधे पर बंदूकें और आँखों में आग। गाँव ने फिर फूलन को देखा लेकिन इस बार वह फूलन देवी बनकर लौटी थी।

ठाकुरों की हवेली घिरी और फूलन ने उस दिन वह किया जो हर अन्याय सहने वाली आत्मा कभी न कभी करना चाहती है उसने जवाब दिया। उसने किसी को तीर से नहीं

मारा उसने उनके घमंड को चीर डाला। बीस ठाकुर मSssssरे।

और बीहड़ की उस रात को भारत के इतिहास की सबसे भयावह और सबसे बहादुर कहानी ने जन्म लिया। अखबारों ने लिखा: डकैतों ने नरसंहार किया।

पर बीहड़ ने कहा: इंसाफ हुआ।

सरकार ने फूलन पर लाखों का इनाम घोषित कर दिया। अखबारों ने उसे डकैत कहा मगर उन झोपड़ियों में उसकी तस्वीरें दीवारों पर चिपकने लगीं। वह अब भगवान नहीं थी वह बदले की देवी थी।

लेकिन ईश्वर भी कभी थक जाता है।

एक दिन वह थकी। विक्रम मल्लाह को गोली मार दी गई। अपने एकमात्र संबल को खोकर फूलन टूटने नहीं दी खुद को पर वह चुप हो गई।

वह जानती थी जिस दिन औरत चुप हो जाती है समझो आँधी अब समंदर में तब्दील हो चुकी है।

वह बीहड़ से निकल आई। अपने पैरों से नहीं अपने घावों से चली आई।

और फिर वह क्षण आया जब फूलन ने आत्मसमर्पण किया। पर यह समर्पण किसी हार का नहीं था।

यह उस युद्ध की समाप्ति थी जिसे उसने जीता था।

राजघाट में हजारों की भीड़ फूलन की जयकार करती हुई। उसने खुद को आत्मसमर्पित किया न सिर झुकाया नहीं। उसने कहा

मैंने वही किया जो मेरे साथ किया गया। मेरी बंदूक ने उन्हीं की भाषा में जवाब दिया।

वह जेल गई पर हर गिनती के साथ वह बड़ी होती गई। उसके साथ हर वह लड़की जेल में बैठी थी जिसे कभी इंसाफ नहीं मिला।

वह किताबों में नहीं कलेजे में दर्ज हो चुकी थी।

जेल की सलाखों से झाँकती हुई वह स्त्री अब केवल कैदी नहीं थी वह एक प्रतीक बन चुकी थी।

फूलन देवी की वह मुस्कान जो कभी पीड़ा की राख में दब गई थी अब धीरेधीरे ज्वाला बनकर उभरने लगी थी। सलाखों के पीछे उसकी आँखें बंद थीं पर स्मृतियाँ जाग रही थीं हर वह क्षण जब उसे घसीटा गया अपमानित किया गया और हर वह क्षण जब उसने अपमान को आग बना डाला।

समय एक ऐसा चोर है जो केवल उन्हीं के पास से गुजरता है जो धैर्य रखते हैं। फूलन ने वही किया। जेल की दीवारों के भीतर उसने फिर आत्ममंथन किया। वहाँ कोई बंदूक नहीं थी कोई साथी नहीं था न ही बीहड़ की खुली आज़ादी। केवल वह थी और उसकी आत्मा जिसमें हर रात प्रतिशोध की लहरें उमड़ती थीं पर अब वह उन्हें दिशा देने लगी थी।

सत्ता को डर तब लगता है जब एक दलित स्त्री बोलने लगती है। फूलन ने बोलना शुरू कर दिया।

मुलायम सिंह यादव ने उसका पक्ष सुना। उसकी आवाज अब कानून की पगडंडियों में गूंजने लगी थी। राजनीति ने पहली बार एक बीहड़ की रानी की बात मानी। दस वर्षों की लंबी कैद के बाद जब फूलन जेल से निकली तब वह पहले जैसी नहीं थी।

वह अब उस राष्ट्र की नागरिक नहीं थी जो उसके अस्तित्व को नकारता था वह अब उस राष्ट्र की शेरनी थी जो संविधान के पन्नों से न्याय की आग खोज लाई थी।

और फिर फूलन देवी सांसद बनीं।

एक औरत जो बीहड़ में अपमान के खिलाफ खड़ी हुई थी अब संसद में करोड़ों के लिए आवाज़ बन गई थी। संसद की वह कुर्सी फूलन के नीचे काँप रही थी क्योंकि अब उस पर कोई खानदान नहीं कोई वंश नहीं कोई जात नहीं बल्कि एक लहूलुहान इतिहास बैठा था।

वह संसद में चुप नहीं बैठी। उसने हर बार बोला जब दलितों को कुचला गया। उसने हर बार चीखा जब स्त्रियों को लूटा गया। और उसकी आवाज़ में वह धड़कन थी जो दिल्ली की हवाओं को भी काँपा देती थी। कहते हैं जहाँ से दर्द उठता है वहीं से बदलाव पैदा होता है। फूलन का जीवन इसी कहावत का जीवित प्रमाण था।

फूलन ने कभी खुद को महान नहीं कहा पर समय ने उसके घावों पर इतिहास की मुहर लगा दी थी। फिर भी वह अकेली थी।

राजनीति में वह थी पर राजनीति की नहीं थी। उसके इर्दगिर्द साजिशें रची जाती थीं।

और फिर एक दिन।

एक दिन जब सूरज ने यूँ ही अपनी किरणें बिखेरी थीं और संसद भवन के बाहर का माहौल रोज़ की तरह था कुछ गोलियाँ चलीं। और फूलन गिर गई।

कहते हैं गोलियाँ शरीर को चीरती हैं पर फूलन की आत्मा को वे नहीं छू सकीं।

उसी क्षण बीहड़ के किसी कोने में एक झाड़ी काँपी होगी। किसी नदी के किनारे एक नाव हिली होगी।

किसी दलित बच्ची की आँखों में एक जलता हुआ सपना टूट गया होगा।

और किसी माँ ने अपने बेटे को यह कहकर चुप कराया होगा

चुप हो जा वरना फूलन आ जाएगी।" पर वह डराने के लिए नहीं आई थी। वह प्रेरणा थी।

उसने सिखाया था दुनिया से मत डरो जब तक तुम्हारा ज़मीर ज़िंदा है।"

जब फूलन देवी संसद भवन में बैठी थी तो उसके भीतर एक अनकहा संघर्ष चल रहा था। संसद की उच्च श्रेणियों में जब वह बोलती तो हर शब्द में बीहड़ की वे कँटीली झाड़ियों जैसी ताकत छिपी होती थी। उन कँटों से उसके शरीर में तो खून बह चुका था पर उसके शब्द अब चिंगारियाँ उगलते थे। वे शब्द महलों की दीवारों को फाड़ते हुए दलितों और महिलाओं के भीतर गूंजते थे।

"हमने जो कष्ट झेला है वह सिर्फ हमारी पीढ़ी का नहीं हर उस शख्स का है जो इस समाज में निचले दर्जे पर रखा गया है।" यही वह वाक्य था जिसे फूलन हर मंच से बोलती थी। वह शब्द केवल एक व्यक्ति के संघर्ष की कहानी नहीं थे बल्कि वे उन लाखों आवाज़ों का प्रतिवाद थे जिन्हें समाज ने हमेशा दबाया था।

फूलन देवी की यात्रा सिर्फ एक व्यक्तिगत संघर्ष नहीं थी वह निषाद समाज के लिए एक आंदोलन बन चुकी थी। एक ऐसी आवाज़ जिसे पहले कभी न सुना गया था। निषाद समाज जिसने सदियों तक समाज की मुख्य धारा से बाहर महसूस किया था वह अब फूलन देवी के माध्यम से अपने अधिकारों के लिए आवाज़ उठा रहा था। फूलन का जीवन केवल एक कथा नहीं बल्कि एक आदर्श था।

निषाद समाज के लिए यह प्रेरणा का स्रोत था कि फूलन ने न केवल अपनी अस्मिता को बहाल किया बल्कि उन्होंने इस समाज के तमाम बुरे बर्ताव और उपेक्षाओं के खिलाफ न सिर्फ अपनी आवाज़ उठाई बल्कि उसे एक नई दिशा भी दी।

जब वह जेल से बाहर आई तो निषाद समाज के लोग उसे सिर्फ एक नेता के रूप में नहीं देखते थे बल्कि वह उनके संघर्षों की प्रतीक बन चुकी थी। वह एक नारी के रूप में दलितता जातिवाद और पितृसत्ता के खिलाफ खड़ी थी। वह अपने जीवन में उन सच्चाइयों से जूझी थी जिन्हें समाज ने हमेशा नजरअंदाज किया था। उसकी सत्ता में यह सत्य था

कि मजबूत बनने के लिए अपनी पहचान से समझौता नहीं करना पड़ता।

फूलन ने दिखाया कि समाज में दबे कुचले और असमान परिस्थितियों में जीने वाले लोग जब एकजुट होते हैं तो वे सत्ता और अन्याय के खिलाफ प्रभावी तरीके से खड़े हो सकते हैं। फूलन देवी ने जो किया वह केवल संघर्ष नहीं था बल्कि एक क्रांति थी। और इस क्रांति का पहला कदम था—अपने हक को जानना और उसे पाने के लिए लड़ना।

उनकी यह यात्रा निषाद समाज के लिए एक ऐसी प्रेरणा बन चुकी थी जिसके बाद हर एक व्यक्ति को यह अहसास हुआ कि सिर्फ खामोश रहकर हम अपनी स्थिति में कोई बदलाव नहीं ला सकते। फूलन देवी के जीवन में यह साबित कर दिया था कि कभी भी अपने अधिकारों को छीनने नहीं देना चाहिए भले ही वह कितना ही कठिन क्यों न हो। फूलन देवी के संघर्ष की कहानी को समझने से निषाद समाज को यह समझ आया कि इंसाफ सिर्फ उम्मीद से नहीं बल्कि संघर्ष से मिलता है। यही सीख उनके जीवन में एक नयी जागरूकता लेकर आई।

जब फूलन ने अपने हक के लिए आवाज़ उठाई तब निषाद समाज ने भी अपनी अस्मिता को पहचानना शुरू किया।

यह सिखने की प्रक्रिया थी कि सिर्फ अपनी आवाज़ को नहीं बल्कि अपनी स्थिति को भी बदलना जरूरी है। संसद में अपने पहले भाषण के दौरान फूलन ने कहा था– "यह जो झूठा सम्मान हमें दिया जाता है यह केवल बाहरी दिखावा है। असल सम्मान तो तब होता है जब आप उस समाज के भीतर पूरी तरह से स्वीकार किए जाते हैं जिसका हिस्सा आप हमेशा से रहे हैं।" यह वाक्य निषाद समाज के लिए मील का पत्थर बन गया। अब उन्होंने यह समझ लिया कि केवल संघर्ष से ही अपने हक की राह बनाई जा सकती है।

लन देवी ने केवल अपनी जाति समाज या राजनीतिक स्थिति के बारे में नहीं सोचा बल्कि उन्होंने यह तय किया कि उनका संघर्ष हर उस व्यक्ति के लिए है जो जीवन में न्याय और समानता चाहता है। यही कारण था कि निषाद समाज ने उसे अपना नेता और मार्गदर्शक माना। वह उनके लिए एक संकल्प और संघर्ष की जीवंत तस्वीर बन चुकी थी।

सुनो जिनके पास कुछ नहीं होता वही सब कुछ पाने के बाद भी सबसे बड़े सच्चे इंसान होते हैं। फूलन देवी ने यही सिद्ध किया था।

अब निषाद समाज का हर व्यक्ति यह महसूस करने लगा था कि अगर वह बदलाव चाहते हैं तो उन्हें अपने अंदर एक फूलन देवी खोजनी होगी—जो भय और दमन के बावजूद संघर्ष करें और अपना हक लेकर रहें।

फूलन देवी से यह प्रेरणा ले सकते हैं निषाद समाज के लोग— कि जैसे फूलन ने प्रतिकूल परिस्थितियों के बावजूद अपने जीवन को जीवन की लड़ाई लड़ी वैसे ही हमें भी अपने समाज के लिए लड़ना होगा।

जैसेजैसे फूलन देवी का जीवन आगे बढ़ा उसकी कहानी न केवल उसके व्यक्तिगत संघर्ष की गाथा बनती गई बल्कि यह एक समाज की उम्मीद और बदलाव की धारा बन चुकी थी। वह केवल अपने लिए नहीं बल्कि पूरे निषाद समाज के लिए लड़ी थी। उसकी यात्रा में हर मोड़ पर एक नया अध्याय खुलता गया जहाँ उसने दिखाया कि कभी भी अपने हक को न त्यागें चाहे समाज कितना भी विरोध क्यों न करें।

उसके जीवन का सबसे कठिन समय था जब उसे जंगल में जीवन बिताना पड़ा। एक लड़की जो कभी अपने गाँव की गलियों में खेलने कूदने वाली थी अब जंगलों के बीच बसी थी। वह और उसके साथी जंगल की हर छांव में सुरक्षा की

उम्मीद रखते थे। यहाँ जंगल में बिताए गए दिनों में उसकी आत्मा और अधिक कठोर हो गई। हर कदम में एक नई चुनौती और एक नई जिद थी।

हम जंगल में भी हैं लेकिन जंगल से डरते नहीं" उसने एक दिन अपने साथियों से कहा। उसकी आँखों में अब वह डर नहीं था जो किसी ने उसे सिखाया था। वह अब खुद के भीतर के डर को पराजित कर चुकी थी।

फूलन देवी ने अपनी संघर्षशील यात्रा को एक सशक्त मिसाल बना दिया था जो केवल अपने समाज के लिए ही नहीं बल्कि हर उस व्यक्ति के लिए था जो समाज में भेदभाव और शोषण का शिकार होता है। उसने साबित कर दिया कि सिर्फ बाहरी नहीं भीतर से भी अपने आपको मजबूत करना पड़ता है।

जब फूलन देवी को गिरफ्तार कर लिया गया और उसे जेल में डाल दिया गया तो उसकी स्थिति पर पूरी दुनिया की नज़रें थीं। सरकार पुलिस और मीडिया—सभी उसे एक अपराधी मानते थे। लेकिन फूलन का मानना था कि सिर्फ अपराधी वह नहीं होता जिसे जेल में डाला जाता है बल्कि अपराधी वह होता है जो समाज में असमानता और शोषण

का कारण बनता है। उसकी यह सोच निषाद समाज के लिए एक प्रेरणा बन गई।

वह दिन आ गया जब फूलन को जेल से रिहा किया गया। बाहर आते ही उसकी लोकप्रियता आसमान को छूने लगी। अब वह सिर्फ एक नाम नहीं एक प्रतीक बन चुकी थी। उसकी रिहाई के बाद हर जगह फूलन के नाम की गूंज थी। वह एक जंगली बाघिन जैसी थी जो अब केवल अपने लिए नहीं बल्कि अपने समुदाय के हर व्यक्ति के लिए लड़ रही थी।

राजनीति में कदम रखने के बाद फूलन ने "दलित और पिछड़े वर्गों के लिए बराबरी" का मुद्दा उठाया। उसने न केवल महिलाओं के अधिकारों की बात की बल्कि जातिवाद और शोषण के खिलाफ भी अपनी आवाज़ बुलंद की। उसकी राजनीति में वह कटु सत्य था जिसे कोई नहीं सुनता था लेकिन जो सबको सुनना चाहिए था। उसने समाज को यह समझाया कि अगर हमें सच में बदलाव चाहिए तो हमें खुद को ही बदलना होगा।

फूलन देवी की संसद में उपस्थिति ने उसे केवल एक राजनीतिक नेता नहीं बल्कि समाज की संघर्षशील आवाज़ बना दिया था। उसकी कहानी हर उस व्यक्ति के लिए

प्रेरणा बन चुकी थी जो इस समाज में बराबरी का हक चाहता था। उसका जीवन यह साबित करता था कि सिर्फ दूसरों से उम्मीदें नहीं रखनी चाहिए बल्कि खुद के भीतर बदलाव लाना चाहिए।

उसकी आवाज़ निषाद समाज के लिए एक गूंज बन चुकी थी। उन्होंने फूलन से यह सीखा कि सिर्फ अपने लिए नहीं दूसरों के लिए भी जीना होता है। जब एक व्यक्ति अपनी जड़ें पहचानता है तो वह अपने समाज को भी जागरूक करता है। फूलन देवी ने निषाद समाज को यह समझाया कि संघर्ष कभी खत्म नहीं होता यह हमेशा जारी रहता है जब तक हर व्यक्ति अपने अधिकारों के लिए लड़ता है।

उसकी प्रेरणा से निषाद समाज में एक नई जागरूकता आई। अब हर गाँव हर शहर में लोग अपनी आवाज़ उठाने लगे थे। उन्होंने फूलन देवी के संघर्ष को देखा और समझा कि अगर एक इंसान इतने बड़े अत्याचारों के बावजूद अपना अधिकार मांग सकता है तो हम क्यों नहीं आज भी जब निषाद समाज फूलन देवी के संघर्ष को याद करता है तो वे असमानता भेदभाव और शोषण के खिलाफ अपने हक को मांगने के लिए एकजुट होते हैं। फूलन देवी का जीवन यह

सिद्ध करता है कि जब तक हम अपने हक के लिए लड़ते हैं तब तक हमें किसी भी मुश्किल का सामना करने से डरने की आवश्यकता नहीं।

फूलन देवी की जिंदगी में जब एक नई दिशा आई तो वह उसकी राजनीतिक यात्रा थी। उसके लिए यह न केवल एक परिवर्तन था बल्कि यह एक ऐसी प्रक्रिया थी जो उसके संघर्ष की गहराई को और बढ़ा देती थी। राजनीति के मैदान में कदम रखने के बाद फूलन देवी ने देखा कि वहाँ केवल सत्ता और पैसों का खेल चल रहा था जबकि समाज के सबसे कमजोर वर्ग की कोई सुनवाई नहीं थी।

जब वह सांसद बनी तो उसकी उपस्थिति ने राजनीति की दिशा ही बदल दी। वह न केवल एक नारी के रूप में बल्कि एक मजबूत दलित महिला के रूप में वहाँ थी जिसने जीवन के हर मोड़ पर भेदभाव और शोषण का सामना किया था। उसकी ज़िंदगी के अनुभव उसे एक ऐसे नेता बना चुके थे जिसे कोई भी सच्चाई से डिगा नहीं सकता था।

ने संसद में अपने पहले भाषण में ही समाज के पिछड़े वर्गों खासकर निषाद समाज के लिए अपनी आवाज़ उठाई। उसका भाषण था "हमारी आवाज़ को दबाया नहीं जा सकता क्योंकि हम अब चुप नहीं रहेंगे। हम जिन अधिकारों के

लिए लड़े हैं वह हमें मिलकर रहेंगे।" यह उसकी आवाज़ थी जो लाखों लोगों के दिलों में गूंज रही थी।

निषाद समाज को फूलन ने सिखाया था कि अगर उन्हें सम्मान चाहिए तो उन्हें अपने अधिकारों के लिए कड़ा संघर्ष करना होगा। वह जानती थी कि राजनीति एक ऐसा क्षेत्र है जहाँ केवल वादों से काम नहीं चलता; यहाँ हिम्मत और निष्ठा से काम करना पड़ता है। उसने अपनी कार्यशैली से यह साबित किया कि सच्चे नेता वही होते हैं जो अपने समाज और अपने लोगों के लिए काम करें न कि अपने स्वार्थ के लिए।

एक दिन संसद में उन्होंने एक और सशक्त भाषण दिया। वह बोलीं "अगर हमारे समाज को उन्नति चाहिए तो हमें जातिवाद और भेदभाव को खत्म करना होगा। हमें खुद को एक समान नागरिक समझना होगा तब ही हम अपने अधिकारों की मांग कर सकते हैं।" उसका यह भाषण न केवल उसकी सशक्तता को दर्शाता था बल्कि यह एक चुनौती भी था उन लोगों के लिए जो समाज में असमानता और भेदभाव के समर्थक थे।

फूलन देवी की यह यात्रा समाज के गरीब और दबेकुचले वर्गों के लिए एक नई उम्मीद बनकर आई थी। उसने यह साबित किया था कि कोई भी व्यक्ति अपने सामाजिक और व्यक्तिगत संघर्षों से ऊपर उठकर एक दिन बड़ा नेता बन सकता है बशर्ते वह सचाई और न्याय के लिए खड़ा हो।

आज भी जब लोग फूलन देवी के जीवन के संघर्ष को याद करते हैं तो वे इसे केवल एक महिला की कहानी नहीं बल्कि समाज में बदलाव और न्याय की लहर मानते हैं। उसने एक नई परिभाषा दी कि सिर्फ़ पुरुष ही नहीं महिलाएँ भी राजनीति में अपना स्थान बना सकती हैं और वे भी समाज के लिए उतना ही योगदान दे सकती हैं।

"समाज के लिए और खुद के लिए" फूलन ने हमेशा यही कहा "हमें लड़ना पड़ेगा और अगर लड़ने के बावजूद भी हम हार जाते हैं तो भी हम कभी नहीं रुकेंगे।"

फूलन देवी का संघर्ष उस समय के विकृत सामाजिक ढांचे के खिलाफ था जो महिलाओं और पिछड़े वर्गों को हमेशा दबाता आया था। अब उसके संघर्ष ने यह साबित कर दिया था कि समाज का हर वर्ग अपनी आवाज़ उठा सकता है और अपनी पहचान बना सकता है। उसके जीवन ने यह भी

स्पष्ट किया कि अगर कोई व्यक्ति खुद को कमजोर महसूस करता है तो उसे फूलन देवी की तरह खुद को पहचानने की ज़रूरत है।

फूलन देवी का जीवन केवल एक कहानी नहीं बल्कि उसने एक आंदोलन को जन्म दिया। यह आंदोलन उन लाखों महिलाओं और दलितों का आंदोलन था जिनकी आवाज़ कभी सुनी नहीं गई। वह चुनौतियों से डरने वाली नहीं थी बल्कि उन्हें अपनी ताकत बनाने वाली थी।

जब वह संसद में बोलती थी तो वह न केवल अपनी बिरादरी बल्कि हर उस व्यक्ति का प्रतिनिधित्व करती थी जो भेदभाव असमानता और उत्पीड़न का शिकार था। और यही कारण था कि उसकी आवाज़ सिर्फ़ संसद तक सीमित नहीं थी बल्कि वह पूरे समाज में गूंज रही थी।

फूलन ने यह सिद्ध कर दिया था कि समाज में असमानता के खिलाफ खड़े होने के लिए कोई बड़ी शक्ति की जरूरत नहीं होती बल्कि उस सत्य की आवश्यकता होती है जो हमारे भीतर है।

फूलन देवी की राजनीतिक यात्रा और संघर्ष को समझते हुए यह बात साफ़ हो जाती है कि समाज में बदलाव लाने के लिए केवल एक व्यक्ति का संघर्ष नहीं बल्कि सभी को एकजुट करने की जरूरत होती है। फूलन का जीवन इस बात का उदाहरण था कि अगर दिल में निष्ठा और दृढ़ नायकत्व हो तो किसी भी घातक स्थिति का सामना किया जा सकता है।

जब वह सांसद बनी तो उसका सामना न केवल पारंपरिक राजनीति से हुआ बल्कि उसे महिलाओं के लिए नई राहें बनाने की चुनौती भी दी गई। सांसद के रूप में उसकी उपस्थिति न केवल उसकी शक्ति का प्रतीक थी बल्कि यह निषाद समाज और दलित वर्ग के लिए भी एक प्रतीक बन गई थी। उसकी पहचान एक नारी नेता के तौर पर बनी जो न सिर्फ महिलाओं के अधिकारों की बात करती थी बल्कि समाज में व्याप्त भेदभाव और असमानता के खिलाफ भी आवाज़ उठाती थी।

उसने दलित समाज के भीतर एक नया आत्मविश्वास जगाया। उसका कहना था "जब तक हम अपने अधिकारों के लिए आवाज़ नहीं उठाएंगे तब तक हम कभी खुद को सम्मान नहीं दे पाएंगे।" यह वाक्य निषाद समाज के लिए एक नई प्रेरणा बन गया। फूलन ने यह सिद्ध कर दिया

था कि अगर कड़ी मेहनत और समाज की सेवा की जाए तो कोई भी पिछड़ा हुआ समाज आगे बढ़ सकता है। उसकी सांसदी की कुर्सी केवल सत्ता का प्रतीक नहीं बल्कि एक युद्ध भूमि बन गई थी जहाँ उसने हमेशा जातिवाद और असमानता के खिलाफ मोर्चा लिया।

फूलन देवी की सफलता का राज उसकी साधारणता में छुपा था। वह उन सभी कठिनाइयों से गुजर चुकी थी जिन्हें समाज ने महिला और दलितों पर थोप दिया था। उसने अपने जीवन को एक संघर्ष के रूप में जिया जहां हर कदम अपने अधिकारों और समाज की अन्यायपूर्ण व्यवस्था के खिलाफ था। जब संसद में वह बोलती थी तो उसकी कठोर आवाज़ हर किसी के कानों में गूंजती थी। वह केवल एक सांसद नहीं थी बल्कि एक प्रेरणा थी। उसकी राजनीति का मुख्य उद्देश्य था समाज के कमजोर वर्गों को सम्मान और समानता दिलाना। उसकी कड़ी मेहनत और नैतिकता ने उसे राजनीति के उच्चतम मंच पर पहुँचाया।

फूलन ने यह दिखाया कि राजनीति में भी यही मूल्य हैं जिनकी उसे आवश्यकता थी। वह केवल वोटों के लिए नहीं लड़ रही थी बल्कि वह समाज की अच्छाई के लिए संघर्ष कर रही थी।

उसकी जीवन यात्रा ने यह सिद्ध किया कि भले ही समाज उसे डकैत समझे पर उसकी जिद और संघर्ष ने उसे नेता बना दिया। वह डकैत रानी के नाम से जानी जाती थी लेकिन जब वह संसद पहुँची तो वह संघर्ष और समानता की सशक्त आवाज़ बन गई।

फूलन के इस परिवर्तन से निषाद समाज को एक नई राह मिली। उन्होंने यह देखा कि अगर वह एक नेता के रूप में अपनी आवाज़ बुलंद कर सकती है तो वे भी अपने अधिकारों के लिए खड़े हो सकते हैं। उन्होंने यह महसूस किया कि समाज में आने वाली चुनौतियाँ कभी किसी को भी महान बनाने से नहीं रोकतीं बल्कि वही चुनौतियाँ एक व्यक्ति को अपनी ताकत पहचानने में मदद करती हैं।

आज भी फूलन देवी के उद्देश्य और सिद्धांत निषाद समाज के लिए प्रेरणा का स्रोत बने हुए हैं। वह समाज के सबसे कमजोर वर्गों के लिए एक आदर्श हैं जिन्होंने समानता न्याय और सम्मान के लिए अपने जीवन को समर्पित किया। फूलन देवी का संघर्ष यह साबित करता है कि जब तक कोई व्यक्ति खुद के लिए नहीं लड़ता तब तक उसे खुद की पहचान नहीं मिलती। लेकिन जब वह संघर्ष करता है तो उसका संघर्ष सभी को प्रेरित करता है। आज भी जब कोई निषाद समाज का व्यक्ति किसी कठिनाई का

सामना करता है तो उसे फूलन देवी की तरह अपनी शक्ति का अहसास होता है। उसका संघर्ष सिर्फ़ उसकी कहानी नहीं बल्कि हर उस व्यक्ति की कहानी बन जाता है जो न्याय और समानता के लिए खड़ा होता है।

फूलन देवी का संघर्ष यह सिद्ध करता है कि समानता के लिए सिर्फ लड़ना ही नहीं होता बल्कि संघर्ष के दौरान जीने का जज़्बा भी जरूरी है। फूलन देवी का संघर्ष और समाज में बदलाव

फूलन देवी के जीवन की कहानी एक प्रेरणा है न केवल नारी शक्ति के संदर्भ में बल्कि उन समाजों के लिए भी जो हमेशा दूसरी श्रेणी में रखे गए थे। उन्होंने यह साबित किया कि जब एक व्यक्ति अपने अधिकारों के लिए खड़ा होता है तो वह न केवल अपनी ज़िंदगी को बदल सकता है बल्कि समाज को भी नया दिशा दे सकता है।

उसकी राजनीतिक यात्रा और संसदीय कार्य ने समाज में गहरे संवेदनशील मुद्दों को उठाया। एक डकैत के रूप में उसका नाम उस समय तक पूरी दुनिया में गूंज रहा था जब उसने राजनीति की ओर कदम बढ़ाया। फूलन देवी ने उस

समय सांसद बनने के बाद एक नई राह चुनी एक राह जो पहले केवल शक्तिशाली लोगों के लिए थी। उसने यह सिद्ध कर दिया कि राजनीति केवल एक पद का नहीं बल्कि समाज की ज़िम्मेदारी का नाम है।

उसकी यात्रा सिर्फ सांसद बनने तक ही सीमित नहीं थी। वह हर नारी दलित और पिछड़े वर्ग के लिए एक प्रतीक बन गई। उसकी सफलता राजनीतिक संघर्ष से कहीं अधिक थी वह एक आंदोलन बन गई।

फूलन देवी का जीवन यह साबित करता है कि कभी भी कोई कठिनाई या असंवेदनशील समाज एक व्यक्ति को आगे बढ़ने से नहीं रोक सकता। उसे केवल अपनी आंतरिक शक्ति और संघर्ष को पहचानने की आवश्यकता होती है। फूलन ने यह दिखाया कि दमन और उत्पीड़न के बावजूद किसी भी समुदाय या वर्ग के लोग अपनी हक के लिए खड़े हो सकते हैं। उन्होंने यह सिद्ध कर दिया कि समानता और न्याय केवल एक अवधारणा नहीं बल्कि एक जीवन शैली है जिसे आंदोलन के द्वारा प्राप्त किया जा सकता है।

समाज की सच्चाई को पहचानना

फूलन देवी का जीवन समाज की सच्चाई को पहचानने का संघर्ष था। वह हमेशा यह महसूस करती थीं कि सिर्फ व्यक्तिगत जीत से कोई समाज नहीं बदल सकता। समाज में असमानता और भेदभाव की जड़ें बहुत गहरी थीं और इसे खत्म करने के लिए आंदोलन की आवश्यकता थी। फूलन ने जब संसद में कदम रखा तो यह महसूस किया कि केवल कानूनी और सांसदी शक्तियों से समाज में बदलाव नहीं आ सकता इसके लिए समाज की सोच और व्यवहार को भी बदलना होगा।

संसद में फूलन ने विपक्ष के सामने कभी संकोच नहीं किया। उनके शब्दों में गहरी तीव्रता और धार थी। वह हमेशा आदिवासी पिछड़े वर्ग और महिलाओं के अधिकारों के लिए आवाज़ उठाती थीं। उन्होंने हमेशा नारी जाति के अधिकारों को प्राथमिकता दी और समाज की कुरीतियों के खिलाफ अपनी आवाज़ बुलंद की।

उनकी भूमिका समाज में एक सशक्त महिला नेता की थी। फूलन देवी का संघर्ष केवल अपने लिए नहीं था बल्कि उन अधिकारों के लिए था जो उन्हें समाज में देने के लिए हर व्यक्ति की आवाज़ होनी चाहिए।

समाज में नारी को सम्मान दिलाने का संघर्ष

फूलन देवी का जीवन नारी के संघर्ष को दर्शाता है। वह खुद एक महिला के तौर पर समाज की अवमानना और दमन का शिकार हुई थीं लेकिन उन्होंने इसे अपनी ताकत बनाया। उनके जीवन में समाज के सशक्तिकरण और नारी अधिकारों के लिए किये गए संघर्ष को देखा जा सकता है। उनकी संसदीय यात्रा और राजनीतिक कार्य ने नारी शक्ति को न केवल बढ़ावा दिया बल्कि यह सिद्ध किया कि समाज में बदलाव लाने के लिए महिलाओं का सशक्त होना आवश्यक है।

फूलन देवी ने महिलाओं को यह सिखाया कि समाज में समान अधिकारों के लिए केवल विचार नहीं बल्कि एक्शन की आवश्यकता है। अगर नारी को सम्मान देना है तो समाज को खुद को बदलने की आवश्यकता है। वह खुद इस बदलाव का प्रतीक बन गईं।

उनके सांसदी कार्यकाल में न केवल महिलाओं के अधिकारों के लिए प्रयास किए गए बल्कि गरीबों और पिछड़े वर्गों के लिए भी काम किया गया। उन्होंने हमेशा समाज की असमानता के खिलाफ आवाज उठाई और यह दिखाया कि

समानता केवल कानूनी तौर पर ही नहीं बल्कि व्यवहारिक स्तर पर भी होनी चाहिए

निषाद समाज और फूलन देवी

फूलन देवी का जीवन निषाद समाज के लिए एक प्रेरणा बन गया। उन्होंने यह सिद्ध कर दिया कि समाज की विभाजन रेखाओं को पार करना और समानता की ओर कदम बढ़ाना संभव है। उनका संघर्ष निषाद समाज को यह सिखाता है कि अगर फूलन जैसे व्यक्ति ने संघर्ष के द्वारा समानता हासिल की तो वे भी अपने हक के लिए खड़े हो सकते हैं।

निषाद समाज को फूलन देवी से यह सीखने को मिला कि समाज में समानता और न्याय के लिए केवल संघर्ष और आंदोलन ही कारगर साबित होते हैं। उनकी यात्रा ने निषाद समाज को सशक्त किया और यह दिखाया कि अगर इंसान का मन दृढ़ हो तो वह किसी भी शक्ति के खिलाफ खड़ा हो सकता है।

फूलन देवी का संघर्ष और स्थायी छाप

फूलन देवी का जीवन केवल उनके व्यक्तिगत संघर्ष तक सीमित नहीं था। उन्होंने जिस तरह से समाज के विभिन्न

वर्गों के लिए लड़ाई लड़ी उस संघर्ष ने समाज में स्थायी बदलाव लाने की दिशा में बहुत कुछ किया। उनकी परिपक्वता राजनीति में उनका योगदान और उनके द्वारा उठाए गए मुद्दे समाज की गहरी धारा को बदलने में सहायक बने।

समाज में उनकी स्थायी छाप फूलन देवी की राजनीतिक यात्रा ने उनके जीवन को एक संघर्ष के प्रतीक में बदल दिया। उनका संघर्ष केवल सांसद बनने तक सीमित नहीं था बल्कि वह हमेशा उन न्यायहीन प्रणालियों के खिलाफ खड़ी रहती थीं जो समाज में समानता और न्याय की कमी को बढ़ावा देती थीं। उनका जीवन यह सिखाता है कि सशक्तिकरण और स्वतंत्रता केवल सत्ता में आने से नहीं बल्कि समाज के प्रत्येक व्यक्ति के हक और अधिकार की रक्षा से आता है।

फूलन देवी के संघर्ष ने निषाद समाज को यह समझाया कि किसी भी असमानता को चुनौती देने के लिए आपको अपनी आवाज बुलंद करनी होती है। उनका जीवन उन लोगों के लिए एक मिसाल बन गया है जो दबकर जीने को मजबूर हैं और जिनकी आवाज़ कभी भी समाज की मुख्यधारा में नहीं सुनी जाती। फूलन देवी ने यह दिखाया कि लिंग जाति या

समाजिक स्थिति से ऊपर उठकर कोई भी व्यक्ति अपने अधिकारों के लिए खड़ा हो सकता है।

नारी सम्मान का महत्व

फूलन देवी की राजनीति और संघर्ष ने महिलाओं के लिए सम्मान और अधिकारों के रास्ते खोले। उन्होंने हमेशा यह महसूस किया कि महिलाओं की भूमिका समाज में केवल परंपरागत नहीं बल्कि सशक्त और निर्णायक होनी चाहिए। उनके विचारों और कार्यों ने समाज को यह सिखाया कि महिलाएं केवल घरेलू कार्यों तक सीमित नहीं हो सकतीं बल्कि उन्हें अपने अधिकारों का पूर्ण अधिकार होना चाहिए।

फूलन देवी के सांसद बनने से यह सिद्ध हुआ कि अगर महिला को शक्ति और अधिकार दिया जाए तो वह समाज में बहुत बड़ा परिवर्तन ला सकती है। उनके संघर्ष ने महिलाओं को यह अहसास दिलाया कि समानता केवल एक सपना नहीं बल्कि हकीकत बन सकती है।

निषाद समाज के लिए प्रेरणा

फूलन देवी का जीवन निषाद समाज के लिए एक आध्यात्मिक और सामाजिक प्रेरणा बन गया। उन्होंने

समाज में जो खाई देखी उसे समाप्त करने के लिए जीवनभर संघर्ष किया। निषाद समाज को यह सिखाने के लिए उनका जीवन बहुत महत्वपूर्ण है कि जन्म से निर्धारित असमानता को वे अपनी शक्ति और संघर्ष से समाप्त कर सकते हैं।

फूलन देवी के जीवन का एक अहम पहलू यह था कि उन्होंने अपने संघर्ष और कठोर जीवन को समाज की अवहेलना और असमानता के खिलाफ एक आंदोलन के रूप में परिवर्तित किया। वह केवल नारी शक्ति की प्रतीक नहीं बल्कि हर उस व्यक्ति के लिए प्रेरणा बन गईं जो दबाव और उत्पीड़न के बावजूद अपने अधिकारों के लिए लड़ता है।

निषाद समाज के लिए उनका जीवन एक शक्ति का प्रतीक बन गया जिससे यह शिक्षा मिलती है कि किसी भी कठिन परिस्थिति में एक व्यक्ति संगठित होकर समाज में बदलाव ला सकता है। उनका संघर्ष यह सिखाता है कि यदि समाज में समानता और न्याय लाना है तो हमें केवल विरोध नहीं बल्कि समाज की सही दिशा में बदलाव के लिए सशक्त कदम उठाने होंगे। समाज में फूलन देवी की भूमिका का विश्लेषण

फूलन देवी का राजनीतिक जीवन समाज में अपने गहरे प्रभाव और छाप को छोड़ गया। उनकी भूमिका केवल एक सांसद की नहीं बल्कि समाज के संघर्ष और संवेदनशील मुद्दों के लिए लड़ने वाले एक नेता की थी। फूलन देवी का जीवन हमें यह सिखाता है कि राजनीति सिर्फ एक पद नहीं है बल्कि यह समाज की सेवा और समाज के सबसे कमजोर वर्गों के अधिकारों की रक्षा के लिए एक सशक्त माध्यम है।

फूलन देवी का संघर्ष न केवल उनके समुदाय के लिए था बल्कि उनके द्वारा उठाए गए समाज के हर वर्ग के मुद्दों ने उन्हें किसी राजनीतिक दल या वर्ग विशेष से ऊपर खड़ा किया। वह उस नेता के रूप में सामने आईं जिन्होंने सभी वर्गों के लिए एक समान अधिकार की बात की।

फूलन देवी का जीवन केवल एक संघर्ष का नाम नहीं था बल्कि एक जंग था जो समाज में समानता और नारी के अधिकार के लिए लड़ा गया। उन्होंने यह साबित कर दिया कि किसी भी वर्ग के लिए समान अधिकार और सम्मान प्राप्त करना एक लक्ष्य है जिसे पाना संभव है। फूलन देवी का जीवन हम सभी को यह सिखाता है कि अगर हमारा संगर्ष सही दिशा में हो तो कोई भी शक्ति हमें हमारे हक से रोक नहीं सकती।

निषाद समाज को फूलन देवी से प्रेरणा लेकर अपने अधिकारों के लिए संगठित होकर खड़ा होना चाहिए। समाज में समानता और न्याय के लिए हर किसी को अपनी जिम्मेदारी समझनी होगी। यह केवल एक राजनीतिक विचार नहीं बल्कि समाज की वास्तविकता बननी चाहिए।

फूलन देवी ने यह सिद्‌ध किया कि संघर्ष के बिना कोई भी समाज अपने समान अधिकार प्राप्त नहीं कर सकता। सशक्त नेतृत्व और समाज के सही दृष्टिकोण के साथ हम किसी भी अन्याय को समाप्त कर सकते हैं और समानता का मार्ग प्रशस्त कर सकते हैं।

डॉक्टर संजय निषाद

मिट्टी के उन कणों में जन्मा वह बालक जिसने बचपन से ही संघर्ष को गुरु बनाया जिसे चिर निद्रित समाज की पीड़ा ने झकझोर दिया वही आज डॉक्टर संजय निषाद कहलाता है। वह जन्मा नदियों के आँचल में नाव की डोलती छाया में और तमाम यंत्रणाओं की गोद में। समय की धार ने उसके मन में वह प्रतिज्ञा लिख दी थी जो अर्जुन की प्रतिज्ञा से कम न थी जब तक मेरे समाज को न्याय नहीं मिलेगा तब तक मेरा रक्त एक क्षण को भी विश्राम नहीं करेगा।

बाल्यावस्था में ही उसे यह अनुभव हो गया था कि निषाद होना मात्र एक जातीय पहचान नहीं बल्कि यह तो एक अभिशप्त जीवन की कथा है जिसे समय ने बारबार उपेक्षा के कूड़ेदान में फेंक दिया। विद्यालय में अपमान समाज में तिरस्कार शासन में उपेक्षा — इन तीन शूलों ने उसकी आत्मा को छलनी कर दिया। परन्तु यही शूल उसे सहस्रगुणित के साथ तपाकर एक ऐसे योध्दा में परिणत कर

उसने चिकित्सा को अपना धर्म बनाया और सेवा को अपनी साधना। परन्तु जब उसने देखा कि नाड़ी की गति समझने वाला समाज का वैद्य भी अपने समाज की नाड़ी से अनभिज्ञ है तो उसने चीरफाड़ चिकित्सा छोड़ राजनीति की व्याधशाला में प्रवेश किया। और तब जन्मी'निषाद पार्टी न कोई परिवारवाद न कोई जातिवाद बस समाजवाद का प्रखर प्रकाश।

डॉक्टर संजय निषाद का विचार हैं जब तक निषाद समाज की नैया को नेतृत्व नहीं मिलेगा तब तक यह समाज केवल बहाव के भरोसे रहेगा। और जो केवल बहता है वह कभी दिशा नहीं देता। उनके शब्दों में वह ज्वाला हैं जो समय के

अंधकार को फाड़ सकती हैं। वे कहते समाज को रोशनी देने के लिए खुद को जलाना पड़ता है। मैं वही दीपक हूँ।

वह क्षण जब उन्होंने नरेंद्र मोदी को अपने रक्त से पत्र लिखा वह कोई नौटंकी नहीं थी वह उस हृदय की ज्वालामुखी थी जो अपने समाज के लिए न्याय की भीख नहीं अधिकार की घोषणा कर रहा था। उस पत्र में केवल खून ही नहीं था उसमें इतिहास के आँसू थे सदियों की वेदना थी और वह सच्चाई थी जिसे शब्दों से नहीं केवल रक्त से लिखा जा सकता था।

राजनीति में उनके पाँव पड़े तो केवल कुर्सी की लालसा नहीं हैं बल्कि लक्ष्य है निषाद समाज को संवैधानिक अधिकार आरक्षण शिक्षा और सम्मान दिलाना। "अगर सिंहासन को समाज तक झुकना पड़े तो वह राजा नहीं समाज का सेवक कहलाता है। यही उनका मूलमंत्र ह उनकी रणनीति स्पष्ट हैं राजनीतिक हिस्सेदारी सामाजिक चेतना और ऐतिहासिक गौरव का पुनरुत्थान। वे बारबार कहते जब तक निषादों को उनका इतिहास नहीं मिलेगा तब तक उनका भविष्य कोहरा ही रहेगा।

उन्होंने निषादों को उनकी खोई हुई पहचान दिलाई निषादराज गुह भगवान राम के मित्र एकलव्य गुरुद्रोण के

समक्ष समर्पित वीर; और 1857 के समर में क्रांतिवीर समाधान निषाद और लोचन निषाद। इन महापुरुषों की गाथा को उन्होंने जनसभा के मंच से उतार कर जनजन के मन तक पहुँचाया !

वे कहते इतिहास वह आइना है जिसमें भविष्य का चेहरा साफ दिखता है।

वर्तमान में वे न केवल एक कैबिनेट मंत्री हैं बल्कि एक विचार हैं एक आंदोलन जो खड़ा हुआ है झुकने के लिए नहीं बल्कि उठाने के लिए। वे चाहते हैं कि निषाद समाज शिक्षा में अग्रणी बने राजनीति में निर्णायक बने और आत्मसम्मान में सर्वोपरि। वे कहते "भीख मांगने वाला समाज केवल पेट भरता है पर अधिकार लेने वाला समाज आनेवाली पीढ़ियों को जीवन देता है।

उनका सपना है निषाद विश्वविद्यालय निषाद स्मारक निषाद गौरव दिवस और निषाद आरक्षण इससे भी बढ़कर समाज को अग्रणी बनाना यह सब केवल घोषणाएं नहीं बल्कि वह रणध्वनि है जो आज भी उनके ह्रदय में गूंज रही है।

वे मानते हैं कि निषाद समाज में सुधार केवल भाषणों से नहीं संगठन से होगा। उन्होंने युवाओं को जागरूक किया महिलाओं को संगठित किया और बुज़ुर्गों को सम्मान दिया। वे कहते हैं एकजुट समाज वह है जो इतिहास को याद रखता है वर्तमान को सजग करता है और भविष्य को तैयार करता है। वे आज भी राजनीति में अकेले नाव खे रहे हैं पर उस नाव में पूरा समाज सवार है। उनके मन में कोई विकृति नहीं कोई छल नहीं केवल एक दीपशिखा है जो निषाद समाज के अंधेरे में उजाला बनकर जल रही है।

और जब जनसभा के मंच से उनका स्वर उठता तो लगता मानो कोई ऋषि युगों के संचित सत्य को उद्घाटित कर रहा हो। उनका हर वाक्य केवल भाषण नहीं होता बल्कि वह समाज की अस्मिता पर चाबुक होता जो वर्षों से सोई हुई चेतना को जाग्रत कर देता हैं। वे कहते "वक्त की स्याही से इतिहास लिखा जाता है लेकिन जब स्याही न बचे तो खून से भी कलम चलानी पड़ती है।"

डॉ. संजय निषाद ने कभी भी सत्ता को साध्य नहीं माना वे उसे साधन मानते थे उस नींव का एक पत्थर जिस पर निषाद समाज का महल खड़ा होना है

और यह महल कोई सुनहरा स्वप्न नहीं बल्कि संकल्पों की दीवारों से बना हुआ होना है। उन्होंने स्पष्ट कहा हम किसी के भी पिछलग्गू नहीं हम तो वह धार हैं जो पत्थर को भी चीर सकती है। जिस समय उत्तर प्रदेश की राजनीति वंशवाद और जातिवाद के जाल में उलझी हुई थी उसी समय डॉ. संजय निषाद ने निषाद पार्टी को एक वैचारिक धारा के रूप में खड़ा किया। उन्होंने सैकड़ों गांवों का दौरा किया नाविकों से संवाद किया मल्लाहों के बच्चों को शिक्षा के लिए प्रोत्साहित किया और न केवल भाषणों से बल्कि अपनी दिनचर्या से यह साबित कर दिया कि उनका संघर्ष केवल मंच तक सीमित नहीं है। कई बार राजनैतिक गलियारों में उनका उपहास हुआ उन्हें "नाव वाले" कहकर खारिज किया गया पर वे मुस्कुराते हुए कहते नाव वही चलाता है जिसे लहरों की समझ हो किनारों का लोभ नहीं।

एक बार जब उन्हें राज्यसभा का टिकट नहीं मिला तो उनके समर्थकों में आक्रोश था। लेकिन उन्होंने सभा में खड़े होकर कहा मैं राज्यसभा नहीं समाजसभा में बैठा हूँ। मुझे पद नहीं परिवर्तन चाहिए। यह वाक्य किसी मंत्र से कम न था जिसने एक समूचे समाज को फिर से विचार की दिशा दी।

उनके प्रयासों में निषाद समाज को अनुसूचित जाति में सम्मिलित करने की दिशा में सरकार को विवश करना

है। उन्होंने दर्जनों ज्ञापन दिये कई बार मंत्रालय के दरवाज़े खटखटाये और अंततः जब लगा कि कोई सुनवाई नहीं होगी तो उन्होंने अपना ही रक्त बहा कर प्रधानमंत्री को पत्र लिखा। वह पत्र नहीं इतिहास का वह अध्याय था जो आँसुओं और लहू से रचा गया। उसमें उन्होंने लिखा

"यदि इस देश में मछुआरों का खून पानी समझा गया तो यह वही पानी बन जाएगा जो इतिहास को बहा ले जाएगा।"

इस साहसिक कार्य ने सत्ताधारी दल को भी विवश किया कि वह निषाद समाज की बात सुने। पर डॉ. संजय का उद्देश्य केवल आरक्षण की संकीर्ण मांग नहीं था वह तो समाज की आत्मा को फिर से स्थापित करना चाहते हैं

वे मानते हैं कि समाज में सुधार केवल कानून से नहीं आता उसकी चेतना से आता है। उनके भाषणों में यह विचार बारबार गूंजता अगर निषाद समाज अपनी नाव को खुद नहीं खेएगा तो कोई और आकर उसे डुबा देगा।

आज जब वे उत्तर प्रदेश सरकार में कैबिनेट मंत्री हैं तब भी उनके हृदय की गति उस समाज के साथ धड़कती है जो अभी भी घाटों पर जीवन जीता है और अपमान के जल में डूबा रहता है। उन्होंने मल्लाहों के लिए योजनाएं बनाई नदियों से जुड़े व्यवसायों को संस्थागत करने का प्रयास

किया और सबसे बड़ी बात उन्होंने निषाद युवाओं को राजनीति के कक्षा में लाने का द्वार खोला।

वर्तमान समय में जब राजनीति केवल वंश परंपरा और पैसे का खेल बन चुकी है तब डॉक्टर संजय निषाद जैसे नेता की उपस्थिति उस सूरज की तरह है जो अपने ताप से स्वयं भी जलता है और प्रकाश भी देता है। वे कहते हैं राजनीति वह यज्ञ है जिसमें समाज का स्वार्थ नहीं समाज का उत्थान आहुति बननी चाहिए।

वे बारबार दोहराते हैं अगर निषादों ने राम को गंगा पार कराया था तो आज उन्हें सत्ता के समंदर में पार लगाने का अधिकार है।

यह कथा केवल एक व्यक्ति की नहीं बल्कि उस चेतना की है जो पीढ़ियों से दबी कुचली और भुला दी गई थी। डॉक्टर संजय निषाद उस चेतना के प्रहरी हैं जो अब कभी न सोएगी।

सत्ता का वह गलियारा जहाँ चमकते वस्त्रों में लिपटे लोग अपने स्वार्थ की बिसात बिछाते हैं वहीं एक ऐसा साधक भी प्रवेश करता है जो पीठ पर वर्षों की पीड़ा लेकर चला है

डॉक्टर संजय निषाद। वह न सत्तामद में चूर था न चाटुकारिता में निमग्न। वह तो उस तपस्वी की भाँति था जो राज्य नहीं धर्मराज्य की स्थापना चाहता था। और जब धर्मराज्य का भाव होता है तो उसमें केवल एक कुल नहीं समाता उसमें समस्त शोषितों का हृदय धड़कता है।

राजनीति में उनके पदार्पण का प्रथम चरण एक अशांत संग्राम था। न उन्हें मंच मिले न संसाधन न ही कोई बड़ा दल। परंतु जिस प्रकार अंधकार में भी दीपक अपनी लौ नहीं छोड़ता उसी तरह उन्होंने अपनी वाणी में कभी दुर्बलता नहीं आने दी। वह कहते – "जो नेता भीड़ देखकर बोले वह अभिनेता है; जो भीड़ को बोलना सिखाए वही नेता है।" और वे नेता बने लोक की चेतना से उपजे नेता।

जब निषाद पार्टी की नींव डाली गई तब न कोई कोष था न कोई गठबंधन। परंतु उनके पास वह शक्ति थी जो राजमहल की दीवारों को भी हिला सकती है जनबल। वे गांवगांव घूमते औरतों से संवाद करते युवाओं को जगाते और बुजुर्गों को सुनते। उनके पास कोई लालबत्ती नहीं थी परंतु उनके माथे पर वह तेज था जो सम्राटों को भी चकाचौंध कर दे।

एक बार जब गोरखपुर में एक विशाल सभा को संबोधित कर रहे थे तब मंच पर बिजली चली गई माइक बंद हो गया। भीड़ तितरबितर होने लगी। तभी उन्होंने बिना किसी यंत्र के ऊँचे स्वर में कहा "यह अंधेरा हमारी नियति नहीं यह व्यवस्था की विफलता है। और जो व्यवस्था समाज को अंधेरे में रखे वह व्यवस्था नहीं शोषण है।"

भीड़ लौट आई। एक दीप जल गया चेतना का दीप।

लेकिन इस संघर्ष में उनके सामने केवल प्रशासनिक रुकावटें नहीं थीं बल्कि उनके विरोध में खड़े थे वे तथाकथित नेता जो अपने निजी साम्राज्य की सीमाओं में किसी नए सूर्य का उदय नहीं देखना चाहते थे। वे उन्हें छोटा नेत इलाके की राजनीति करने वाला कह कर हँसते थे। पर डॉक्टर संजय ने हर व्यंग्य को शस्त्र की तरह उठाया। वे मुस्कुराकर कहते –

"मैं छोटा सही पर वह बीज हूँ जो आने वाले समय में वटवृक्ष बनकर सारे समाज को छाँव देगा।" सत्ता में भागीदारी के लिए उन्होंने संघर्ष नहीं किया समर्पण किया। और जब उत्तर प्रदेश की राजनीति में निषाद पार्टी की ताकत बढ़ी तब बड़ेबड़े गठबंधन उनकी चौखट पर आए। उन्होंने शर्तों पर समझौता नहीं किया बल्कि आत्मसम्मान

की शर्त रखी हम किसी के अनुचर नहीं हम अपने समाज के पथप्रदर्शक हैं। यही वह स्वर था जिसने निषाद पार्टी को सत्ता की साझेदारी में ला खड़ा किया।

आज वे कैबिनेट मंत्री हैं पर उनके भीतर का वह समाजसेवी अब भी जीवित है। वे विधानसभा में बैठते समय भी गंगा के मल्लाह को नहीं भूलते वह नाविक जो जीवन भर पाल बाँधता रहा पर कभी अपनी नाव में नहीं बैठ सका। वे योजनाएं बनाते हैं जल यातायात को पुनर्जीवित करने की निषाद समुदाय को जल संसाधन में आरक्षण दिलाने की और सरकार के हर कार्यालय में निषाद समाज की भागीदारी सुनिश्चित करने की।

वे कहते हैं आरक्षण वह छाया है जो धूप से नहीं संघर्ष से मिलती है।

और उनका संघर्ष अभी रुका नहीं है।

राज्य की राजधानी में जहाँ दीवारों पर केवल जातियों के नारों की खरोंचें होती हैं डॉक्टर संजय निषाद ने निषाद राज की प्रतिमा लगाने का प्रस्ताव रखा। उन्होंने ऐलान किया

"यह केवल एक प्रतिमा नहीं हमारे स्वाभिमान की पुनर्स्थापना होगी। जब निषादराज ने राम को वनवास में

गंगा पार कराया तब किसी जाति ने विरोध नहीं किया; फिर आज हम अपने समाज के नायक को क्यों न सम्मान दें

वे जनजन को यह समझाना चाहते हैं कि राजनीति केवल मतदाता सूची की गणना नहीं बल्कि समाज के हृदय की गाथा है। और यही गाथा है जो अगली पीढ़ियों को दिशा देगी।

उनका अगला लक्ष्य है निषाद को अनुसूचित जाति में स्थायी रूप से शामिल कराना पूरे भारत में निषाद जातियों को एकजुट करना और एक ऐसा महासंघ खड़ा करना जो संसद तक अपनी बात दृढ़ता से रख सके। उनके शब्दों में

"हमारे पूर्वजों ने राम को पार कराया अब हम अपने समाज को सत्ता के किनारे तक पहुँचाएंगे। और यह यात्रा तब तक चलेगी जब तक हर निषाद बालक यह न कहे मैं निषाद हूँ और मुझे गर्व है।"दिल्ली की चौखट पर जब कोई मल्लाह अपने पांव रखता है तो उसकी चप्पलें भी क्रांति की आवाज़ करती हैं। डॉक्टर संजय निषाद जब पहली बार राजधानी के वातानुकूलित गलियारों में पहुँचे तो उनके पांवों की मिट्टी में गंगा की गंध थी और आँखों में अपने समाज का सपना। यह कोई साधारण यात्रा न थी यह उस आत्मा की यात्रा थी

जो सदियों से सत्ता के द्वार पर खड़ी थी पर भीतर बुलाया नहीं गया था।

उन्होंने संसद भवन के विशाल प्रांगण को देखा जहाँ निर्णय होते हैं योजनाएं बनती हैं और अक्सर वही समाज अनदेखा कर दिया जाता है जो धरती से सबसे निकट होता है। डॉक्टर संजय ने मन में ही एक वाक्य कहा यह भवन जब तक निषादों की पीड़ा नहीं सुनता तब तक यह केवल दीवारों का समूह है जनतंत्र का मंदिर नहीं।"

दिल्ली में उन्हें तरहतरह की दीवारें मिलीं दलगत स्वार्थ जातीय समीकरण और उस ठंडी मुस्कान का सामना करना पड़ा जो कहती थी यहाँ नए लोग नहीं टिकते।" परंतु वे कोई आम "नया" नहीं थे वे वह पुरातन स्वर थे जो युगों से दबा दिया गया था। उनका आना इतिहास का लौट आना था प्रधानमंत्री कार्यालय में उन्होंने जब पहली बार जनगणना में निषाद समाज की जातियों को अनुसूचित जातियों में दर्ज कराने की मांग रखी तो वहाँ उपस्थित अधिकारी चौंके। पर डॉक्टर संजय का स्वर स्थिर था दृष्टि अग्निमय अगर राम के युग में निषादराज का सम्मान था तो आज के युग में उनका वंश अपमानित क्यों क्या यह लोकतंत्र उन्हें सिर्फ वोट समझता है समाज नहीं

पर दिल्ली केवल संघर्ष का नगर नहीं षड्यंत्र का भी मैदान है। वहाँ कई लोग ऐसे थे जो नहीं चाहते थे कि एक मल्लाह का बेटा नीतियों का निर्धारण करे। उनके ख़िलाफ़ दुष्प्रचार शुरू हुआ कोई उन्हें "आक्रामक" कहता कोई "जातिवादी" कोई "प्रादेशिक सीमाओं में सिमटा हुआ"। पर वे कहते

"जिसे दिशाएं सीमित समझें वही व्यक्ति क्षितिज बनाता है।"

और उन्होंने धीरेधीरे विपक्षियों को उनके ही तर्कों से मात दी।

उन्होंने आंकड़ों को प्रस्तुत किया भारत में 12 करोड़ से अधिक मछुआरों और जल आधारित व्यवसाय से जुड़े लोगों की संख्या जिनमें बड़ी संख्या में निषाद कश्यप बिंद केवट मल्लाह आते हैं। उन्होंने कहा अगर यह समाज अलग हो जाए तो यह देश का पेट खाली रह जाएगा। और अगर यह समाज जाग जाए तो संसद की दिशा बदल जाएगी।

वे चाहते हैं कि अब एक केंद्रीय निषाद आयोग बने जो जल संसाधनों से जुड़े लोगों की सामाजिक आर्थिक और राजनीतिक स्थिति का अध्ययन कर उन्हें समुचित अधिकार और सम्मान दिलाए। वे यह भी प्रस्तावित करते

हैं कि गंगा यमुना ब्रह्मपुत्र गोदावरी जैसे नदियों के किनारे बसे निषाद बस्तियों को विशेष क्षेत्र घोषित कर वहाँ विकास के समुचित उपाय किये जाएँ।

परंतु उनका सबसे बड़ा सपना है राष्ट्रीय निषाद चेतना अभियान।"

एक ऐसा आंदोलन जो केवल राजनीतिक नहीं सांस्कृतिक भी हो जिसमें निषाद समाज के इतिहास को स्कूलों में पढ़ाया जाए निषाद वीरों के नाम पर संस्थान बनें और हर वर्ष "निषाद गौरव दिवस" मनाया जाए।

वे कहते हैं अगर हम अपने पूर्वजों को याद नहीं करेंगे तो आने वाली पीढ़ी हमें ही भूल जाएगी।" और आज भी समाज के बीच ठहरते हैं। वे विधायकों के साथ चाय नहीं गंगा किनारे के मल्लाहों के साथ संवाद करते हैं। और जब वे लखनऊ की सड़कों पर निकलते हैं तो उनके कदमों की चाल में वह विश्वास होता है हम आए हैं इतिहास बदलने और हम लौटेंगे तभी जब दिशा बदल जाए।

मनुष्य जब युद्धभूमि में होता है तो शत्रु सामने होता है। पर जब वह आत्ममंथन में उतरता है तो सबसे बड़ा युद्ध स्वयं के भीतर होता है। डॉक्टर संजय निषाद का जीवन अब उस पड़ाव पर था जहाँ सत्ता उनके चरणों में थी परंतु

समाज अब भी दो राहों पर खड़ा था। वे मंत्री हैं राजनेता हैं परंतु भीतर एक तपस्वी अब भी अपने प्रश्नों में झुलसता है।

रात्रि के अंधकार में जब समस्त राजधानी नींद में लीन होती डॉक्टर संजय अपने कमरे के दीप के नीचे बैठकर आत्मसंवाद करते। वे कहते

"मैंने समाज को जगा दिया पर क्या मैं उन्हें एकसूत्र में बाँध पाया क्या मेरी शक्ति का केंद्र स्थायी है या यह भी एक राजनीतिक ऋतु की उपज है

वह जानते हैं कि निषाद समाज केवल एक नाम नहीं वह एक बिखरा हुआ अस्तित्व है जो क्षेत्र भाषा और स्थानीय जातिगत विभाजनों में बंटा हुआ है। कहीं कोई बिंद अपने को निषाद नहीं मानता कहीं कोई मल्लाह स्वयं को केवट से अलग समझता है। वे इस विभाजन से आहत होते और उनके शब्दों में पीड़ा उतर आती हैं

"हम उस समाज से हैं जो नाव बनाता है पर दिशा में एकमत नहीं। अगर हम एक नहीं हुए तो यह सत्ता एक भ्रम बनकर रह जाएगी।"

तभी उनके मन में एक योजना जन्म लेती है राष्ट्रीय निषाद एकता परिषद।

एक ऐसा मंच जहाँ उत्तर से दक्षिण पूरब से पश्चिम तक फैले निषाद समुदाय के प्रतिनिधि एक साथ बैठें अपने भीतर के मतभेदों पर बात करें और एक साझा विचारधारा का निर्माण करें। वे कहते

"जाति यदि शक्ति बन जाए तो वह समाज को ऊपर उठाती है परंतु जब वह अहं बन जाए तो उसी समाज को खंडित कर देती है।"

उनकी दृष्टि अब केवल वर्तमान पर नहीं भविष्य की नींव पर केंद्रित है । वे सोचते

"हमें केवल आरक्षण नहीं अधिकार चाहिए। हमें केवल पहचान नहीं प्रतिष्ठा चाहिए। और यह तभी संभव है जब हमारे बच्चे शिक्षा के माध्यम से सशक्त बनें।"

वह मानते हैं एक

ऐसा तंत्र जहाँ निषाद समाज के बच्चों को प्राथमिक शिक्षा से लेकर उच्च शिक्षा तक विशेष सुविधा मिले कोचिंग केंद्र खोले जाएँ और हर गाँव में ‘निषाद ज्ञान केंद्र की स्थापना हो।

वे कहते

"हमारे बच्चे जब गंगा की धारा को पढ़ेंगे तभी जान पाएँगे कि उनके पूर्वज उसकी लहरों पर राज्य करते थे।"

बहुतेरे दल जो अब तक निषाद समाज को केवल वोट बैंक समझते थे इस एकता से भयभीत हो उठते हैं।

कुछ मीडिया घराने जिन पर पूँजी और सत्ता का दबाव था डॉक्टर संजय को विवादास्पद 'सांप्रदायिक और उकसाने वाला नेता कह कर प्रचारित करने लगते हैं।

एक दिन वे सभा के बाहर एक पत्रकार के प्रश्न से टकराते हैं

"आप अपने समाज के लिए ही क्यों बोलते हैं क्या यह लोकतंत्र नहीं तोड़ता

क्या जब कोई ब्राह्मण समाज की बात करता है तो वह विद्वान कहलाता है जब कोई यादव अपने वर्ग की बात करता है तो वह जननायक कहलाता है फिर जब एक निषाद अपने समाज के लिए बोले तो वह सांप्रदायिक क्यों यह प्रश्न ही आपकी मानसिकता उजागर करता है।"

यह उत्तर न केवल पत्रकार को स्तब्ध करता है बल्कि वह वीडियो लाखों लोगों तक पहुँचता है। निषाद समाज के युवाओं में नवचेतना की आग धधकने लगती है।

गांवों में अब दीवारों पर लिखा जाने लगता है

"नाव हमारी पतवार हमारी अब निर्णय भी हमारा होगा!"

वे जान चुके थे कि अब समाज की चेतना तैयार है। अब उसे दिशा देने का कार्य शेष है।

इसलिए उन्होंने घोषणा की –

"हम हर राज्य में निषाद सम्मेलन करेंगे। कोई मेला नहीं कोई नाचगान नहीं। यह विचारों का शंखनाद होगा। यह संवाद की श्रृंखला होगी जहाँ हर निषाद युवक स्वयं को नेता नहीं विचारक बनाएगा।"

पर यह कार्य सरल नहीं था।

कुछ क्षेत्रों से विरोध शुरू हुआ – "यह सब सत्ता की भूख है" ऐसा आरोप लगने लगा।

पर वे शांत थे जैसे तपस्वी हवन के धुएं में भी दृष्टि नहीं खोता।

वे कहते

"हम न सत्ता के भूखे हैं न सम्मान के। हम केवल अपने उस अस्तित्व को पुनः स्थापित करना चाहते हैं जिसे इतिहास ने कभी गौरव दिया था और वर्तमान ने भुला दिया है।"

इस नए संघर्ष में डॉक्टर संजय अब एक विचार बन चुके हैं एक आंदोलन एक अग्नि जो केवल निषाद समाज ही नहीं समस्त वंचितों के अंतःकरण में धधक रही हैं

जब कोई विचार जनमानस में घर कर जाता है तब वह केवल एक व्यक्ति की शक्ति नहीं रह जाता वह कालचक्र बन जाता है। डॉक्टर संजय निषाद अब व्यक्ति नहीं हैं वे उस निषाद चेतना के पुरोधा बन चुके हैं जो युगों से मौन थी पर अब वाणी में बदल चुकी हैं। उनका स्वर शंखनाद हो चुका है उनकी दृष्टि दिशाओं को बाँधने लगी है और उनके पग समाज की नींव को पुनः रचने की ओर अग्रसर हो चुके हैं।

एक दिन प्रयागराज में संगम के तट पर उन्होंने वह घोषणा की जिसे इतिहास भविष्य में निषाद युग का प्रारंभ

कहेगा अब एक अखिल भारतीय निषाद महासंघ का निर्माण होगा जो न केवल राजनीतिक बल्कि सांस्कृतिक और वैचारिक पुनर्जागरण का केंद्र होगा।

संगम के तट पर हजारों निषाद बिंद केवट मल्लाह और कश्यप युवक स्तब्ध होकर सुन रहे थे। जैसे स्वयं नदियाँ भी उस क्षण ठहर गई थीं। संजय निषाद ने कहा

"हमारे पूर्वजों ने राम को गंगा पार करवाई राम को नाव दी पर स्वयं अपनी पीढ़ियों के लिए पुल नहीं बना पाए। अब समय आ गया है कि हम अपने समाज को उस किनारे पर ले जाएँ जहाँ सम्मान की भूमि है अधिकार की धरा है।"

उस सभा में उन्होंने पहली बार "निषाद राष्ट्र नीति" का प्रारूप प्रस्तुत किया

प्रत्येक राज्य में निषाद बहुल क्षेत्रों को "विकास आरक्षित क्षेत्र" घोषित किया जाए।

निषाद समुदाय को जल अधिकार नीति में प्राथमिकता दी जाए।

मछुआ समाज को कृषि की भांति सब्सिडी मिले बीमा योजनाएँ लागू हों।

हर जिले में निषाद विद्यालय खोले जाएँ जहाँ बच्चों को उनके इतिहास संस्कृति और आत्मगौरव की शिक्षा दी जाए।

नदियों के तटों पर बसे गाँवों में निषाद स्मारक स्थापित हों जहाँ समाज अपने वीरों को याद कर सके।

लेकिन यह घोषणाएँ केवल दस्तावेज़ नहीं थीं वे वह अग्निबीज़ थे जिन्हें संजय निषाद अपने रुधिर से सींच चुके थे। उनके पास योजना थी पर उससे भी अधिक था विश्वास। उन्होंने कहा

"हमारे समाज को तोड़ने के लिए अनेक दल आए अनेक नेता बने। पर आज पहली बार हम स्वयं अपने भविष्य का नक्शा खींच रहे हैं। और जब नाविक अपना नक्शा बनाता है तो समुद्र भी दिशा नहीं बदल सकता।"

सभा के बाद विरोध के स्वर उठे राजनीतिक दलों को भय सताने लगा।

मीडिया में सवाल उठा क्या यह जातीय ध्रुवीकरण नहीं

संजय निषाद का उत्तर स्पष्ट था

"जो समाज विखंडित हो उसे समेटना राष्ट्रविरोध नहीं राष्ट्रनिर्माण है। जब तक हर समाज अपने अस्तित्व को न पहचाने तब तक यह लोकतंत्र अधूरा है।"

[0:46 am 21/04/2025 Maneesh Raj Agrahari: उनकी दृष्टि अब अंतरराष्ट्रीय मंचों की ओर हैं। वे चाहते है कि भारत के नदीआधारित समुदायों की वैश्विक स्थिति पर सम्मेलन हो। वे कहते

"अगर विश्व जल पर शोध कर सकता है तो निषाद जैसे समाज को उसमें भागीदारी क्यों नहीं? हम जल से जन्मे हैं हम ही जल के उत्तराधिकारी हैं।"

उनकी रणनीति अब समर्पण नहीं संकल्प पर आधारित है।

उनकी गति अब मल्लाह की नहीं तूफान की हो चुकी है।

और उनका नारा अब केवल एक नारा नहीं एक उद्‌घोष बन चुका है नाव चलाना सीखा है हमने सदियों से अब राज चलाएँगे हम पीढ़ियों तक!"

उन्होंने एक बार अपने भाषण कहा कि

जब आप नदी को केवल एक जलस्रोत मानते हैं तब आप भूल जाते हैं कि वह एक जीवंत संस्कृति है। परंतु जब आप नदी को माँ कहकर पुकारते हैं तब उसमें जन्मता है आत्मा का स्पर्श।

सारा सभागार निस्तब्ध था।

उन्होंने आगे कहा

मैं उस वंशज का पुत्र हूँ जिसने राम को नाव दी थी पर राज्य नहीं माँगा था। आज मैं यहाँ राज्य नहीं माँगने आया हूँ परंतु यह माँगने अवश्य आया हूँ कि नदी के साथ जीनेवाली जातियाँ केवल इतिहास में दर्ज़ न रहें बल्कि विकास की धारा में सहभागी बनें।

सभा मूक होकर सुनते रहे—उनके शब्दों में केवल अकादमिक तथ्यों की बात नहीं थी उसमें वेदना थी शोषण की स्मृति थी और उससे भी अधिक विकास की जिजीविषा थी।

उन्होंने आगे कहा निषाद केवल एक जाति नहीं बल्कि नदी की चेतना है। हम नदी को केवल पार नहीं करते हम नदी को जीते हैं साँस लेते हैं और उसी के प्रवाह में अपनी आत्मा बहाते हैं। सभा में ही एक सज्जन ने पूछा आपका समाज अब भी पिछड़ा क्यों कहा जाता है

डॉ. निषाद मुस्कराए और बोले

"क्योंकि हमने नाव खींचना नहीं छोड़ा पर नक़्शा बनाना नहीं सीखा। अब समय आ गया है कि हम अपनी दिशा स्वयं निर्धारित करें। अब हम केवल पुल के नीचे से बहने वाले नहीं पुल बनाने वाले भी होंगे।

भाषण समाप्त होते ही सभागार में तालियों की गूँज नहीं एक मौन श्रद्धा थी। बाद में अनेक पत्रकारों ने यह स्वीकार किया कि डॉ. निषाद का भाषण राजनीति नहीं वह एक सभ्यता की आत्मा की गूँज थी।

उन्होंने वाराणसी में पहला नदी महोत्सव आयोजित किया जहाँ निषाद नृत्य गीत पारंपरिक नावों की प्रदर्शनी मछली पकड़ने की पुरातन विधियाँ और जलक्रीड़ा के माध्यम से निषाद संस्कृति को पुनर्जीवित किया गया। वहाँ एक बोर्ड टँगा था

नदी की धारा केवल जल नहीं बहाती वह पीढ़ियों को जोड़ती है।

इस महोत्सव में जब उन्होंने एक बूढ़े निषाद को मंच पर बुलाया जिसने सत्तर वर्ष तक नाव चलाई थी और मंच पर उसकी आँखों में आँसू भर आए तब डॉक्टर संजय ने उसका हाथ थामते हुए कहा

"जिसके हाथों में पतवार थी आज वही हमारा ध्वजवाहक है।"

उनकी शक्ति केवल शारीरिक रूप में नहीं बल्कि उनके विचारों उनकी प्रेरणा और उनके संघर्ष की भावना में है। डॉ . संजय निषाद

का जीवन अब भी उस यात्रा की तरह है जो निरंतर प्रवाहित हो रही है जैसे एक नदी जो रुकने का नाम नहीं

लेती बल्कि हर बाधा को पार करते हुए आगे बढ़ती रहती है।

डॉ. संजय निषाद का आदर्श अब केवल एक आंदोलन का प्रतीक नहीं रहा वह समाज के भीतर हर उस व्यक्ति के दिल में बस चुका हैं जो आत्मसम्मान और समानता के लिए संघर्ष कर रहा हैं। वह एक ऐसा व्यक्तित्व बन चुके हैं जो सिर्फ निषाद समाज के नहीं बल्कि समग्र भारतीय समाज के लिए एक प्रतीक बन चुके है।

वर्तमान में डॉ संजय निषाद अपने जीवन के अंतिम पड़ाव पर पहुंचने से पहले अपने आदर्शों और विचारों को और विस्तृत रूप से फैलाने का काम कर रहे हैं। उनका उद्देश्य अब एक नये भारत की संकल्पना को साकार करना है जहाँ समाज का हर वर्ग समानता के साथ अपने अधिकारों का उपयोग कर सके और जहाँ किसी भी व्यक्ति को उसके जन्म के आधार पर न्याय से वंचित न किया जाए।

संजय निषाद का मानना है कि

जब तक समाज में समानता और न्याय की भावना न जागे तब तक कोई भी विकास संभव नहीं हो सकता। उनके जीवन में जो संघर्ष है वह सिर्फ एक जाति या समुदाय का नहीं है बल्कि पूरे भारतीय समाज के लिए हैं। वह हमेशा कहते है हमारा संघर्ष जाति या धर्म के नहीं इंसानियत के लिए है।"

डॉक्टर संजय निषाद का संदेश

जब समय की धूल में दबे हुए सत्य को कोई झंझोड़ता है तो इतिहास करवट लेता है। और जब यह सत्य किसी उपेक्षित समाज से जुड़ा हो तब वह ज्वालामुखी बनकर फूटता है। डॉ. संजय निषाद की आवाज़ इसी ज्वालामुखी की गर्जना है। यह कोई साधारण भाषण नहीं यह समाज के उन आहत स्वरों का पुकार है जिन्हें सदियों तक दबाया गया झुकाया गया मिटाया गया। यह शब्द नहीं ललकार है। यह निवेदन नहीं आह्वान है। और यह किसी सत्ता के दरबार से निकली दया की याचना नहीं यह अपने हक के लिए उठी एक संगठित चेतना की हुंकार है। डॉ. संजय निषाद कहते नहीं चेताते हैं कि जो समाज अपनी जड़ों को भूल गया वह अपनी शाखाओं से कोई फल नहीं प्राप्त कर सकता। वे उस पुरखों की बात करते हैं जिनकी नावों पर रामायण की नैतिकता तैरी जिनके पतवारों पर संस्कृति की धारा बही जिनकी बाहों ने न केवल राजाओं को पार उतारा बल्कि धर्म नीति और जीवन को भी उस पार पहुंचाया। और आज वही

समाज जो कभी संस्कृति का वाहक था खुद अपनी पहचान के लिए संघर्ष कर रहा है। यह संघर्ष कोई चुपचाप रोने का संघर्ष नहीं यह लोहे की दीवारों से टकराने की तैयारी है। यह उस समाज की आत्मा से निकला विद्रोह है जो अब चुप नहीं बैठेगा।

एकता की बात जब वह करते हैं तो वह फूलों की माला की कल्पना नहीं करते वे जंजीर की बात करते हैं। क्योंकि फूल टूट सकता है मुरझा सकता है लेकिन जंजीर तोड़ती है बांधती है और दुश्मनों की दीवारें गिराती है। निषाद समाज को वह समझाते हैं कि जब तक तुम एक नाव की तरह हो तब तक हर लहर तुम्हें हिला सकती है लेकिन जब तुम समंदर बनोगे तब लहरें भी तुम्हारी शक्ति का प्रमाण बनेंगी। वे किसी भावुकतापूर्ण करुणा में नहीं बहते उनकी भाषा में ललकार है आग है चेतावनी है। वे कहते हैं अब बस बहुत हुआ। तुम्हारे श्रम से दूसरों की सत्ता चली तुम्हारे पसीने से दूसरों के महल बने। अब वक्त है कि तुम्हारा श्रम तुम्हारे लिए बोले।"

निषाद पार्टी उनकी साधारण रचना नहीं है। यह उनके खून से सींची गई उस विचार की उपज है जिसमें उन्होंने अपना सब कुछ दांव पर लगा दिया। यह पार्टी नहीं प्रतिज्ञा है उस समाज के लिए जो अपनी ताकत को आज भी पहचान नहीं पाया। यह उनकी आत्मा की भाषा है कि निषाद अब केवल नाव चलाने वाले नहीं होंगे अब वे सत्ता की लहरें भी चलाएंगे। उन्होंने दिखाया कि राजनीति केवल कुर्सियों की अदला बदली नहीं होती वह अपने समाज को जागृत करने की वह प्रक्रिया है जिसमें एक पुराना दर्द नई आग में तब्दील होता है।

उनकी बातें किसी नेता की भाषणबाज़ी नहीं लगतीं वे किसी सच्चे कवि की तरह आत्मा से बोलते हैं। जब वे कहते हैं "हम किसी से भीख नहीं मांगते हम अपना अधिकार लेते हैं" तो यह कोई राजनैतिक नारा नहीं यह सदीयों के अपमान का उत्तर है। वे अपने समाज को दर्पण दिखाते हैं पर वह दर्पण शीशे का नहीं लोहे का होता है जो न केवल दिखाता है बल्कि आकार भी देता है।

उनके शब्दों में यदि कोई नमृता हैं तो वह तलवार की धार के जैसी है जिसमें नमी नहीं केवल आक्रोश है। वे गिनाते हैं हर वह क्षण जब निषाद समाज ने इतिहास रचा चाहे वह निषादराज गुहा की वफादारी हो या एकलव्य की आत्मबलि चाहे वह जलसमुदाय की वीरांगनाएं हों या 1857 की क्रांति में बलिदान देने वाले नाविक। वह कहते हैं हमने हर युग को पार लगाया अब इस लोकतंत्र की नैया क्यों न हमारे हाथ हो

वे अपने समाज को आईना नहीं आग दिखाते हैं। कहते हैं अब मत झुको मत रोओ मत मांगो अब सिर्फ उठो संगठित हो जाओ और जो तुम्हारा है उसे छीन लो।" उनका प्रत्येक वाक्य किसी प्रसिद्ध ग्रंथ की पंक्तिसा लगता है ठोस धारदार और विस्फोटक।

वह यह भी स्पष्ट करते हैं कि निषाद पार्टी की ताकत संख्या में नहीं संकल्प में है। यह पार्टी किसी एक जाति की बात नहीं करती यह उस पूरे जलसमाज की वाणी है जिसे हर सत्ता ने उपेक्षित किया हर काल ने भुला दिया। वे कहते

हैं हम नदी हैं कोई भी बांध हमें रोक नहीं सकता। हम नाव हैं कोई भी तूफान हमें डुबो नहीं सकता।"

उनकी इस हुंकार में डर नहीं है बल्कि डर को डराने की क्षमता है। वे अपने समाज के युवाओं को ललकारते हैं अब तुम्हें केवल मोबाइल चलाना नहीं आंदोलन भी चलाना है। तुम्हें केवल किताबें पढ़नी नहीं इतिहास भी लिखना है। तुम्हें केवल नौकरी मांगनी नहीं नीति बनानी है। और यह तभी होगा जब तुमैं छोड़कर हम बनोगे।

जब वह मंच पर बोलते हैं तो केवल लोग नहीं सुनते ज़मीन भी सुनती है पानी भी सुनता है और इतिहास की आत्मा भी। उनका स्वर कोई राजनीतिज्ञ का स्वर नहीं वह महाकवि की तरह गूंजता है जिस कविता में आंसू भी है आग भी है और वह पीड़ा भी जो चट्टानों को तोड़ दे।

यह भाषण नहीं महायात्रा का आरंभ है। यह उद्घोष है उस क्रांति का जिसकी चिंगारी उन्होंने निषाद पार्टी के माध्यम से जलाई है। यह शंखनाद है उस युद्ध का जिसमें अब

तलवार नहीं वोट होगा जिसमें अब छल नहीं चलन बदलेगा जिसमें अब 'गुहार नहीं फैसला होगा।

और जब अंत में वे कहते हैं नदी के बेटे अब अपने भाग्य की धारा खुद मोड़ेंगे तो यह वाक्य किसी घोषणा की तरह नहीं लगता यह भविष्य की गाथा का प्रारंभ लगता है। यह इतिहास के उन पन्नों की भूमिका है जो अब निषाद समाज खुद लिखेगा न झुकेगा न रुकेगा न डरेगा। और यही है डॉ. संजय निषाद का सबसे बड़ा संदेश कि अब समय आ गया है उठने का संगठित होने का और अपने इतिहास को अपने हाथों से दोबारा लिखने का।

अब निषाद समाज केवल नाविक नहीं रहेगा वह सत्ता का संचालक भी बनेगा और यह कोई कल्पना नहीं यह संकल्प है।